陕西省
农业科技服务体系研究

赵玉姝 著

中国农业科学技术出版社

图书在版编目（CIP）数据

陕西省农业科技服务体系研究 / 赵玉姝著 . —北京：中国农业科学技术出版社，2019. 5

ISBN 978-7-5116-4062-8

Ⅰ. ①陕… Ⅱ. ①赵… Ⅲ. ①农业技术-科技服务-农业社会化服务体系-研究-陕西 Ⅳ. ①F324. 3

中国版本图书馆 CIP 数据核字（2019）第 034862 号

责任编辑 陶 莲 闫庆健
责任校对 贾海霞

出 版 者 中国农业科学技术出版社
北京市中关村南大街 12 号 邮编：100081
电 话 (010)82109705(编辑室) (010)82109704(发行部)
(010)82109709(读者服务部)
传 真 (010)82106625
网 址 http://www.castp.cn
经 销 者 各地新华书店
印 刷 者 北京建宏印刷有限公司
开 本 710mm×1 000mm 1/16
印 张 10. 5
字 数 171 千字
版 次 2019 年 5 月第 1 版 2019 年 5 月第 1 次印刷
定 价 58. 00 元

序

2018年中央一号文件提出“依靠科技创新驱动，引领支撑现代农业建设”，对农业科技在现代农业发展中的角色进行了准确定位。随着社会主义市场经济体系和农业技术市场的不断完善和发展，中国农技推广事业取得了长足的进步。但由于计划经济时期形成的农技推广方法和模式与市场经济体制相矛盾，这些问题突出表现在推广理念落后、农技供需契合度不高、缺乏有效激励机制等方面。而在我国现行的农业技术推广体系下，政府在农业技术研发和推广中扮演着关键的角色，广大农户通常只是依靠政府的“技术施舍”进行农业生产，即政府对现代农业技术的供给行为。一方面，政府的农业技术与农民实际需要之间存在差距，两者的契合度不高，农业技术在提高当地农业发展水平上没有发挥应有的作用；另一方面，伴随着农业生产商品化进一步发展和农产品市场竞争日趋激烈，部分农户对农业技术的有效需求得不到满足，仅仅依靠政府科研机构的技术支持是远远不够的。

本专著从异质类农业经营主体农技需求特征差异化的视角对陕西省农业科技服务过程中诸多问题进行了系统分析，依托大量调研数据从供给和需求两方面探究农业科技服务体系存在的主要问题，并针对这些问题提出陕西省农业科技服务体系优化的具体方案与措施，工作量饱满，所得结论真实可信。希冀专著能更好地指导现实工作，提高农业生产效率，切实增加农民收入并改善生活水平。

高强

于　中国海洋大学

前　言

农业作为国民经济的基础，是维护社会安定、实现国家自立的重要保证。中国陕西省农业资源相对匮乏、农业人口众多，如何利用有限资源来哺育较大的人口数量成为陕西省农业迫切需要解决的问题。国务院于 2011 年印发的《关于加快推进农业科技创新持续增强农产品供给保障能力的若干意见》中明确指出，要确保农产品长期有效供给，促进农业持续发展，实现农村发展繁荣，根本出路在于科学技术。由此可见，科学技术作为推动农业生产力发展的关键要素，能够扩大农业资源的作用空间、缓解人地矛盾，对提高农业综合生产能力，保障粮食安全起到了十分重要的作用。

改革开放以来，陕西省农业科技事业取得了令人瞩目的成就，科技创新已经成为引领农业发展的核心与动力。但同农业发达省份相比，陕西省在农业技术自主研发创新、及时推广传播、有效完整转化等方面仍有很大差距，要解决上述难题，逐步健全与完善农业科技服务体系是一条可靠有效的途径。加入世界贸易组织后，陕西省农业和农村经济步入了一个全新的发展阶段，农产品供求关系、农村劳动力就业格局和转移动因、农民增收及其途径、农业发展与国民经济的依存关系、国际市场对农产品质量安全的严苛标准以及农业和农村发展的内涵等都发生了重大变化，为解决当前内外部环境对农业科技服务体系运行产生的巨大压力及威胁这一问题，必须将农业技术的研发、推广和应用联结成一个整体，在满足农民技术需求的基础上明确三者之间的相互关系，促使它们在相互制约和相互协调中向前发展。随着农民市场主体地位的逐步确立，技术供给与农户需求匹配性程度对农业科技服务效率的影响逐步显现，如果无视异质类农户农技需求的差异问题，则难以形成高效的农业科技服务体系，农业科技服务效率将大大降低，科研创新步伐也会逐步放缓。为了解决上述难题，2006 年陕西省出台《基层农业科技服务体系改革与建设项目实施指导意见》，为加强基层农业科技服务体系建设，全面提高农业科技服务效能提供政策指引。农业科技发展环境的改善为农业科技服务体系改革创造了有利条件，为充分利用这一优势，深入探究异质类农户的农技需求特征，通过推广机制创新为异质类农户提供适用性强、匹配性高的农技服务对提升陕西省农业技术利用率具有实践意义。

本专著主要分析农户分化背景下陕西省农业科技服务体系的优化问题，利用微观数据和宏观分析探究农业科技服务的供求契合程度，并给出相应解决对策。主要解决的问题和思考重点在于以下几个方面：一是现阶段陕西省农业科技服务体系的现状与问题。二是陕西省农业科技成果的供给特征。三是异质类农户的技术需求差异及影响因素。四是农业科技成果供求契合程度如何，异质类农户有关农业科技成果的需求能否得到有效满足。五是如何优化陕西省农业科技服务体系。

本书相关内容的研究得到了陕西省社科界重大理论与现实问题研究项目（2018Z019）和教育部人文社会科学青年基金（17XJC790004）的资助。

由于作者学识的限制，本书难免存在不妥和错误的地方，恳请读者批评指正。

作者

2019 年 1 月

目　录

第一章　陕西省农业科技服务体系现状分析

第一节　陕西省农业科技服务体系的演变

中国陕西省的农业科技服务体系是集经济政策、人口要素、生态环境、资源禀赋及地理人文等多种要素相互耦合的复杂社会服务体系。随着陕西省生产力水平的不断发展和提高，农民对农业技术的需求层次和采纳意愿逐渐发生了改变，而且不同空间和时间带来的技术成果的差异明显，使得农业技术服务体系的内容和形式差别很大。但从本质上，农业科技服务体系的建立、发展及完善是以提高农业生产力、增加农民收入为目的，其核心都是为农业服务的体系。

总的来说，陕西省的农业科技服务体系的发展与变迁可以分为原始阶段、政府主导阶段和多元化主体参与阶段，不同阶段的行为主体和推广模式存在显著差异。下面顺应历史发展规律，就我国农业技术服务体系的演变过程进行阐述。

一、陕西省农业科技服务体系的原始阶段

陕西省的农业技术文明可以追溯到男耕女织，完全可以独立生活的原始社会。4000 多年前尧舜禹时期有后稷开始教授种植谷物和嫁接作物。随着人类发展进步，先后王朝阶段对于农业技术服务具有重大影响的是先秦时期。特别是秦孝公时期的改革，开荒地，变制度，到后来就有了更好的代田法和区田法，产生了初期更加系统完善的科技服务体系。汉唐时期为了维护自身的统治地位，经营和发展关中农业，关中农业取得了长足的发展。汉武帝时期关中地区引进了来自

黄河下游地区的冬麦（当时叫宿麦），最后汉朝结束之前冬麦栽培技术得到了长足发展。唐朝时候为关中地区带来了普通筒车、高转筒车和立井水车等工具用以从渠中取水灌溉使灌溉面积和灌溉效率带来了长足的发展。唐朝北宋时首次在陕西省推广借款扶农政策，即农民用从中央借来的钱买种子耕种，在秋收后再用卖农产品获取的收益偿还借款。明成化时期，陕西省榆林边是使用渠水的地方，种稻类、蔬菜等农作物，此时的农业种植技术、水利灌溉及开荒技术得到了长足的发展。由于汉南地理位置和气候变化，适合推行二季轮作。清朝时期高产耐旱、适应性广的玉米和湖广、川蜀等大量的移民进入陕南，到了清朝后期，玉米在陕西省已经得到了大力发展和普及。

二、近代陕西省农业科技服务体系阶段

随着鸦片战争的爆发，英法等列强在中国倒售鸦片，咸丰时期陕西省效仿国家征收鸦片税中国也是内忧外患。国内又不得不筹集军事费用镇压太平天国运动，为了促进陕西省对鸦片的控制，同治年间，当地巡抚刘典带领下，罂粟种植成为一种选择但是要实施征收鸦片税的举措。全省的种植面积和种植规模扩大，一定程度减轻当时中国面临的社会压力。陕西、甘肃两省在左宗棠的指导下设局教习纺织。光绪年间政府设立陕西省营田局，主要开垦荒地近 4 000余顷。光绪三十年（1905 年）陕西省出现了美利奴羊，改良当地居民养殖品种。民国时期，1921 年陕西省出台《种棉规则》；建立农业示范田和培育农棉良种；为了响应国家农林部优良品种的选择，陕西省建立优良品种繁殖基地，后改名西北区服务繁殖站；陕西省派遣专业人员巡查监督小麦服务体系的完成度；培育谷物、洋芋和黑豆等和引进黑麦、番茄、丝瓜、卷心白菜等品种。1929—1931 年，陕西省连续 3 年旱灾，种植面积、范围锐减，农业受到伤害。陕西省农业建设引起了有识之士的重视。

三、中国遭受重大变革时期陕西省农业科技服务阶段

民国时期，陕西省连续 3 年，种植面积和种植规模遭受重创。1930 年进行修农渠灌溉。1934 年国立西北农林专科学校（现西北农林科技大学），承担西北农

业科研、生产和技术服务。卢沟桥事变后，为了陕西省更好的发展，陕西省成为战争的后方力量，邀请中东地区农业专家进行研发、品种选育及宣传服务，西北地区种植作物如棉花增加了10倍，产量和种植面积得到短期的发展。国共内战，陕北关中成为战场，关中的劳动力也不能继续农业种植而加入军队，战争对关中地区的土壤和农作物造成破坏，整个陕西省都受到极大影响。

四、新中国成立至改革开放以前陕西省农业科技服务体系

新中国成立之初，作为战胜国的我国也是呈现一片凄凉的景象，陕西省到处民生惨淡，因此我们急切首先需要恢复生产和发展农业来维护党的领导。陕西省的农业恢复追溯到当年5月，全省解放区进行剿匪运动、减少利率和土地运动，农民对于土地自己当家做主。3年实践，陕西省积极开展生产代表大会、动员大会等会议，大大激励人们的创造性。还有干部和专家共同实地考究田地，切实解决问题。

抗美援朝停战以后，国家从长远的角度巩固政权稳定和农民的急切需求发展农业，陕西省有兰花麦、蓝芒麦、武功27号的培育，互助组30万个，农户达上百万户。县级设农科所、公社设农科站、大队设农科队、小队办实验组，这种体系从湖南引进，得到了上级政府的财政支持，形成了“陕西省四级农科试验网”。虽然一定程度实现了增产增收的目标，但是由于政府主导式命令带来的弊端使农业技术服务没有得到普遍的认可和广泛的应用。陕西省农业部重新有了继续推进农业科技服务体系工作，农技服务体系出现短期繁荣。然而，新时期的挑战没有结束，政府主导式农技服务是陕西省政府作为服务过程中的唯一服务主体，科研院所和陕西省西北农学院等高校研发的产品类型和具体特点完全由省政府指定的，服务组织和技术交易全都政府说了算，农民农业上成果的来源也是政府。虽然政府占据此时服务体系的制高点，但是它也是承担了农业服务体系宣传工作的全部成本费用。省政府没有通过科研所和省高校研究基地将他们的科研成果流通市场，而是让自己的技术人员对农户进行培训。不仅因为技术扩散是纵向的，农技服务从省政府到农民的服务方式，而且科研部门根据省政府的要求研发产品，无偿交给政府的模式，也让服务体系更加难以被广泛认可和实现服务体系的供给平衡。

第二节　改革开放以来陕西省农业科技服务体系的运作机制

一、农业作物及工具的分析

（一）改革开放以来陕西省棉花和小麦的引种及其本土化

在19世纪末期，美棉在民间依靠多种来源传到西北部，被老百姓称为“洋花”，是当时优质高产品种。民国建立后，陕西省陆续传入一些棉花新种。1918年的小洋花，1926年河南省的灵宝棉，又称为德棉。民国18年，陕西省大旱，接受陕西美棉种200吨，来赈灾。1933年，陕西省建设厅于长安试种繁衍脱籽棉。1934年，陕西省棉改所成立后，在泾阳、大荔设立棉厂，从事棉种改良，引进4号斯棉、德棉，更换脱棉。引进的过程不是一劳永逸的，而是需要漫长时间的发展变化。无论是最初单一品种的引进还是到后来多种棉种的种植，都是结合陕西省当地生产的实际情况进行的。另外，外来新品种的引进，要充分考虑到风土适应性的外部条件，除了传统理解层面对环境的适应外，还包括引入后自身的改良和变异。而近代陕西省的棉花新品种，面临着同样两个问题，因此，当时的棉花新品种的引进工作主要围绕适应性和变异性开展的。1934年，陕西省建设厅响应国家经济委员会的号召成立选育纯良品种、指导棉农、发展农户的服务流程。基于当时黄河沦陷的状态，陕西省成为一大推广中心。1936年，陕西省获得财政拨棉近5000千克斯棉及德棉种子近4000千克试验推广。1937年，试验成功，并在陕西省大为推广。全面抗战时期，全国经济委员会在陕西省专门设立棉改所，国民政府设立西北中央农业试验棉工作站、农业推广棉产分处，来提高西北棉花质量和产量。1934年，国民党于右任先生任命西北农学院的杨蕴章老师为场长，创办斗口村式农业试验场，现在的陕西省棉花研究所西北中央农业试验所棉作系工作站、农业推广处棉产改进分处，以提高西北的棉花产量和质量。陕西省棉种场1943年成立，用于研究棉花优良品种。陕西省的关中地区因为有大面积的棉花良种，后来成为西北地区乃至全国的原棉种植培养基地。陕南地区同时有很多的棉种实验基地进行试验发展，并且获得了大量的成果。据陕西省原有农改所的资料显示，陕南农场于20世纪中期进行了棉花育种和种植栽培试验。其中，1941年美棉种比较试验；1941年棉麦栽培试验；之后两年的棉种比较试验。1948年的试验报告显示，本试验系与中农所联合，是全国性的品种适应试验。其最终目的是寻求适应陕南自然条件的最优美棉品种以供选育和推广农技服务体系的发展。本次从上年开始进行，本年是第二年。地点本场自上年起开始进行，本年为第二年。地点：南郑县凹时农场。时期：1948年4月下旬至11月底止。结论：以中农德宇24-424较为优异，川农28-1199次之，得出了优良品种排序。

中国现代引进的国外农业科技，首先是体现在栽培耕作上。棉花的发展史是近代大规模经济作物成功的标志。早在19世纪末，郑观应在上海谈判中对中国近代引进的国外农业科技，主要是栽培种植。19世纪80年代，郑观应在上海时考究外洋种棉花的方法，在于先买籽，再试种。当时的官员张之洞也认可美国的陆地棉最优，是湖北织布局的棉花原材料。他提出棉花朵大棉多，绒的细度长度，颜色的白度和亮度，带来收入和质量的发展，是以各国讲究种棉的品种来源地，大都选择美国的棉品种。美棉就这样在各地流行起来，在引进美棉的过程，有持土质及棉花来化验的人，化验人员先考察其优劣，并登报宣传。在美棉生产过程中，多比较不同品种的优劣，让全国人民都知道优劣。传统中国经验农学的不足，假借引种之事，提出可行之法。

（二）小麦的引种及其本土化

小麦是我国传统作物之一，在中国的饮食文化有着不可或缺的地位。小麦历史传播的时间里，既有从关外到中原的由西到东的传播，也有从北到南方不同发展程度之间的引进和传播。经历了上千年的蜕变，到了近代陕西省小麦的重要性不可言喻，这一时间段的小麦试验成果引起了广泛的关注。在1934年年初，西北农林专科学校在陕、甘、宁、青考察选种穗苗32 042个，1935年引进品种潘西维尔世界小麦1220种、中国的小麦1973种。通过各种实验，结果表明，陕西省蚂蚱麦总体表现态势较好。西北农林专科学校的农艺学科所所进行的较重要的农作物栽培试验工作，获得了较完备的成果，前前后后育成了各种优良品种 22 种。同时，还进行了小麦播种法、播放数量、化肥用量的实验，小麦和黑麦杂交育种实验，小麦成熟抵抗雨雪的初级实验研究。陕西省自育引进农作物新品种主要包括陕农自育加引进农作物品种如陕农 7 号、蚂蚱麦、蓝芒麦、西北 302、60 号、大荔四强麦、武功 27 号及金大 2905、中大 2419 等小麦优良。1940 年，陕西省就有小麦优良品种“陕农七号”，西部有“陕农七号”“泾阳 60 号”。1940 年，陕西省已有陕农七号、泾阳 60 号、129 号及武功 27 号等优良纯系的引进。它们均属于陕西省当地的蚂蚱麦。除“泾阳 60 号”外，其他品种形态难以分别。当时，根据陕西省小麦实验计划，除区域实验、优良品种栽培和品种鉴定之外，在关中地区大规模采集单穗，种植在渭南、富平、兴平等县城的品种有碧玉麦和中农 28 号等小麦蚂蚱麦。1937 年，抗战打响后，中国大部分农业富庶的地区深受战争的影响沦为贫瘠之地。陕西省是大后方的主要粮产地和棉产地之一。战区人口的转移使陕西省人口骤增，带来粮食棉产地之一。战区大批人口，内迁来陕，粮食不足成为当务之急。金陵大学在陕西泾阳的西北农事试验场曾育成“蓝芒麦”的良种，并于 1936 年开始推广，取得一定的成效。西北农林专科学校从 1934 年起，经过对陕、甘、宁等地区 3 万余个小麦单穗的采集，进行纯系育种，成功育出了“武功 27 号”小麦，也于 1939 年秋开始推广，一时成为西北地区最好的小麦良种。1946 年开始，陕西省农校针对陕北的小麦，实施小麦品种实验计划，围绕陕西省优良小麦品种比较实验、美国小麦品种比较实验、潘氏小麦品种比较实验 3 个方面开展的科研攻关。陕西省的实验材料共 25 种，包括 6 个陕西农业改进所，4 个金陵大学泾阳西北农场，8 种纯系品种和 6 种杂交品种。美国小麦实验主要测验引进外来品种在本土的适应能力，选育出宣传推广的品种及杂交样本。实验包括 28 种美冬小麦、11 种美春小麦以及泾阳小麦。潘氏小麦品种比较实验中，进行小麦各种研究和杂交亲本选择，选择培育出优良纯种作物。农作物的生产由多个环节组成，从种植到结果，需要多种生产要素共同作用的活动。传统生产活动中，我们十分重视农具以及肥料的作用，因为它们是农业生产过程影响产量质量的因素。近代农业在农机和土壤肥料取得长足发展，推动了农业的发展进步。陕西省在引进这两项技术后，原有基础上的改良，是本土化的重要反映。1947 年，碧玉麦和蚂蚱麦为亲本进行杂交，终于成功选育出优良小麦种“碧蚂一号”。其综合品质和单位面积产量等方面指标，均优于当时的优种 302 号，因此可以作为替代品种。1948 年，碧蚂一号在陕西省关中进行的区域试验。近代陕西省小麦育种取得了优良成绩。近代试验科学方法使农业育种工作取得不错的成果。陕西省最早的农业试验机构西安西关农场的服务人员便用纯种混合选育了兰花麦。1948 年，碧玛一号的成功使黄河中下游整个地区乃至全中国受益。小麦在我国普遍种植于西南部各省以及长江流域，而陕西省就在其中。陕西省农林改良作物的繁殖场进行的一系列试验，取得了不错的成果。当时，陕西、河南等省进行的多次示范性比较试验来检验数十种杂交蚂蚱麦的适应能力。通过冬季播种，观察者根据土壤和气候的条件，我们得到小麦的缺苗、冻害以及病虫害的情况，以寻求更好的种植地和优良品种。陕西省为广大百姓提供基础生活所需要的农作物是玉米和小麦。陕西省农业水平的进步，一定程度上要看小麦的种植水平。因此，陕西省开展农业生产活动中，小麦的发展完善和宣传推广的作用十分重要，大力地支持了陕西省经济水平的提高。引进、改良、推广陕西省优良的小麦品种，使其更适应本土环境和增强其技术性。在与本土的经济文化社会环境不断融合的过程中，实现陕西省农业科技迈向新的高度。

（三）改革开放以来陕西省农业器具的发展

中国传统的农业生产工具，经历了 2000 多年的蜕变有了之后的金属农具再发展成了现在的农业机械的历程。农具是农作物生产以及其他作物种植必不可少的部分，为农作物的种植耕作收获提供了重要支撑。随着西方化的文化传播中，器具的传播成为现代农业的转型良方。近代中国的农机工具，传播初期大多是从国外进口。农田抽水机在农学报也有记载，拟于湘省设立水利公司，购办汽机，置于底水区。我国农业应定大农方针，引进西洋农器，早期为西北开发农业生产的证据。中国畜牧机械方面，引进俄罗斯的割草机和孵化器。清华大学创办的北京模范农场，有奶牛饲养、乳制品加工及消毒、饲料储藏等设备。农业机械化先驱设立现在的南京农业大学农具院。作为机械学家和机械工程教育家，为我国实际情况的农业器具发展带来贡献。总体，不管是清末还是近代，农器具涉及加工、种植、养殖等多个方面，由于历史原因，大量引进农器具并未投入实际生产过程，继续沿用传统农器具。陕西省近代农器具的引进从 20 世纪 30 年代开始的。这一时期的新式农具比较单一，多是为了植棉所采用的农具，如棉田中的拉锄工具、棉花播种的条播机以及喷雾器等。1933 年，陕西省机器局曾研制水车、汲水机、凿井机等 1050 种。1947 年，陕西省农改所购于西北股份有限公司的汲水机，用来关中灌溉。当时，陕西省建筑厅曾令陕西省农改所所筹办的小型机械农具试验所，把大荔农场改为农器具示范场。用小型拖拉机带圆盘耙、耕作器、条播机等来进行机器耕作。省农改所拟建立近 10 处农具修理站，来修理旧物具和解决新式农具的使用问题。1948 年 6 月，“二战”后的国际环境让联合国善后救济署委员会来函请求陕西农改所，购置农业机械器材和农业器具，随着后来西安的解放，一直未付诸实施。随着时代的不断发展，普通农民的创新在陕西农器具的近代化进程发挥越来越重要的作用。例如，农民李育惠的收麦机是以旋转轮做轴，由刀叉柄和收麦网组成的共甲乙两部分的收割机器。不仅成本低而且实用的机械充分体现基层劳动人民的智慧和创造力。加上政府的支持，起了很好的示范作用。农业试验机构对尚需改良的农器具进行说明，如农具旋转轮。因为我国以农业为第一产业已经很多年，现代科学不发达。陕西省乡村比较贫困，如果盲目仿效，效果有所不佳，实力有所不理想。收割机是由本研究所辅助制成，一次试验由于材料经费的不足，没有实现成功。以铁为宜，乙部以推动车；前造车辕及装麦框等制造，以木质为宜。这种成本低又实用的机械足以反映当时劳动者的创造力。此外，农业机械的改良也离不开政府的支持和示范推广。农业试验机构对于尚需改进的农具也有了相关说明：“案查本县龙桥镇民人王金详本年五月二十六日呈，麦明农具平衡旋转式人力收获机初试生效，恳请襄助提倡将精深研究以实现，以利民生事。窃惟我国以农业主国已数千年，迄今鲜有进步者原因多而器具不良。今现代科学发达，欧美农具用机械站以农产日丰。饬令该民将机件送所研究，查此项机件试验成功应详加研究，切实改进期臻完善。如果适用该所，酌予资助。”这封关于对人力收获机给省政府的信函，也从侧面反映了民间发明尚需在官方的支持下发挥更大的作用。总的来说，陕西省农机具的引进与改良在近代已经有了初步的发展，也产生了一定的效用。但受限于当时的社会经济环境，只存在于部分农业条件较好的地区。抗日期间的大规模生产运动使陕西省延安市有了农具厂，专门生产所需棉花及农器具。陕西省边区的军民响应国家鼓励拉动人民积极参与，亲身参与制作的政策，自主研发小型农具。各种灌溉、耕地、弹扎花的机器在农村地区应运而生。但是这些工具的作用小和单一，使得农业生产的其他生产过程不能有效率的进行，陕西省的农业机械化运动前景一片茫然。近代的中国不仅有本国原有的农器具，还有国外引进的洋设备。陕西省农改所为实现农业科学技术更快更远的发展，与其他省相互学习外国专家特别像美国的一些好的经验。陕西省使用新式农具是本省发展的根本。省政府派遣了陕西省的科研人员多次赴京请教美国专家，共商适合陕西省地貌的农业耕作、灌溉等方面的生产技术。然而当时社会存在不稳定因素，关中地势平坦、土壤肥沃的优势条件应该更快引入新式农具生产，是陕西省人民都希望看到的。近代产生了很多有利于农业生产的灌溉类器具，而且更多的农业机械应用到了缓解水灾和旱灾的压力。在来往的公函中，我们可以看到："敝省位居关中，有辽阔之平原，极宜机械耕作。中美农业考察团曾经建议政府列本省为农业机械化实验区。敝省更因水利失修、干旱频仍，亟应凿井灌溉。已故敝省亟须曳引机、凿井机、抽水机以及其他新式农具，倍能凡速实施农业机械化之计划。欣闻贵处备有上项机械，可予廉价配售或租借，供各地公私农业团体施用。用特函恳贵处惠将上项农业机械种类规格，可供数量及各项申请办法见示以申请备。"这些有限的农机具不仅解决了当时农业生产的需要，还为陕西省近代农业机械化的实施提供了条件。1934年，咸阳县派员前往购买两架，群众称带轮拉锄机"经济适用，造福农民"。同时，将 8 架拉锄机运往渭南县植棉指导所、上庄繁殖场及赤水农会使用。初期制造的拉锄机，经过群众在生产中的实际使用后，有得到改进，由原来一张到人，改为 3 刃，有利于调整棉花行距。1938 年，陕西省农业改进所成立后，在关中地区推广棉花单行、双行条播机、改良拉锄机和五齿中耕器，并开始使用背负式喷雾器防治害虫。这些新式农具的使用，大多限于农场及铁路沿线交通便利的少数重点农村，未能大面积全国推广。1946 年 5 月，中国农业机械特种股份有限公司与陕西省农业改进所协商，用联合国善后救济总署给中国建立农具厂的设备，在陕西省设立农具制造厂，由美国供应机器材料、活动厂房等。后因战争影响未能实现。同年，洛川县安改士发明收获机，三原县王金祥发明人力收获机，经陕西省农业改进南泥湾部队仿制风车，都用于生产。1943 年，春耕开始后，陕甘宁边区政府向延安等县调剂犁铧 1 万余张，支援春耕生产。

（四）近代土壤肥料技术的引入及发展

我国农业发展的过程，有机肥是用来实现“地力”的传统。近代，化肥的发展，促使农业生产过程当中，越来越多地施用化肥，有机和化肥相互结合施用愈加普遍。近代以来，化肥施用在清朝末期的条件下，有了一定的发展，但到 20 世纪初，每年的化肥产量持续很少。为了进一步技术服务，才采用现代科学实验的方法，科研人员进行化肥实验。其中，遵循 3 项方针：“一是施肥以有机肥料为基础，化肥为辅，相互作用；二是施用化肥主要成分是硫酸铵，其他为辅；三是各种农作物主要是小麦、玉米，其他作物为辅。”这些方针，对我国化肥的推广有很重要的意义。近代的农业科技，将土壤所需营养细分，并且提出农作物生长基本元素包括“氮”“磷”“钾”3 种。而化肥产生和应用是建立在植物生长元素的分析和补充。这种条件对化肥的应用，显得有效而精确。肥料使用离不开土壤情况的研究，这样化肥的使用与土壤状态密切相关，只有对土壤进行研究，肥料改革才有动力。天府之国的关中地区是我国农业生产的重要种植区和中心区。近代科技生产认识到土壤的作用不仅局限于以往的研究，更多的需要我们更加从理性的角度客观的认识对土壤分析。先人已经认识到土地、植物、气候条件是一个简单的生态系统，植物的生产过程和气候因素影响植物的生长过程没有研究清楚。近代调查发现水、肥、气、热是决定土壤条件的重要因素，想要获得优质土壤，首先对土壤中的氮、磷、钾进行调查。为了土壤调查的方便，陕西省成立了专门的土壤研究机构。中央地质所于 1935 年派员亲赴渭河进行土壤情况研究。1937 年在陕西、甘肃两省近 3 个月的土壤调查为中农实验所研究了土壤状态、水分、防冲蚀的问题，得出了陕西省土壤状况的直接资料。陕西省乃至我国施肥历史悠久，肥源丰富，有机肥在古代已有 100 多种。到了近代，肥源不能满足要求，但我国施肥的历史悠久，肥料资源丰富，主要施用的有机肥在明清时期已经达 100 多种。然而，到了近代时，肥料资源仍然不能满足需求，许多地方还是缺肥。兽骨施肥的方法很早就被我国农民发现，并在许多地区大面积采用，主要包括骨灰和骨粒两种施用方法。然而，从经济与科学的角度来看，大多存在营养成分损失多，肥效迟缓等问题。于是，1938 年开始，以四川省农业改进所为代表的农业机构开始倡导施用蒸制骨粉。骨粉经过蒸制后，易于粉碎，也便于分解，使营养成分得到了较好的保留。陕西省的部分地区，也在当时大量推广使用了蒸制骨粉，使水稻的产量普遍提高。推广绿肥也成为了解决当时肥料不足的有效措施。1941 年春，陕西省成立粮食增产委员会，由中央农业实验所派员任土壤肥料专业督导。对化肥的引入及推广弥补了传统肥料技术的一些固有的缺陷，改变了作物施肥的单一模式。化肥技术本身所具有的优势，也使得肥料的施用更为精确，也更有针对性。这些改良的实践具有重要意义，不仅使得国内的肥料科技进一步发展，也生产出了更加适应中国农业实际的肥料。从这一点上来说，近代陕西省农业的进步是离不开土壤化肥技术的引进及其本土化的。粮食安全问题是针对陕西省长期以来不存在规律，而是由外在因素如气候、地理位置、制度建设等因素。陕西省的目标是提高生产力，增强科技含量，改善生产条件、提高生产素质水平，进而提升效率和提高产量。在确保陕西省粮食供给充足的情况下，增强品种发展水平，利用好政策和资源优势，提高农业资源的利用程度，为陕西省带来新的优势和持续稳定的发展。确保粮食安全的情况下，发挥经济比较优势，充分利用自然资源，促进粮食发展。

二、陕西省改革开放以来农业科技概况

随着“文化大革命”的结束，人民公社解体，陕西省重新迎来了发展的春天。党的十一届三中全会结束了人民公社化的进程，开始实施从省到乡层层农业科技服务的机制。西北地区在全国经济社会条件发展相对落后。在经历了清政府、国民政府到新中国建立改革开放以来，总的分为陕北、陕南、关中地区，总的是一个气候差异、地势差异、经济发展差异比较大的一个省。陕北地区处于高原地带，陕西省地处西北地区，主要采用养牛和种杏的方式，关中地区位于平原上加上土地肥沃为它的发展提供了先天优势，不仅发展了秦川牛，而且种了水果像苹果、橘子、猕猴桃，陕南地区主要是种植药材经济作物。对于陕西省的农民

需求的技术主要集中在隔河的陕南地区。相对来说，陕北和陕南地区相对于关中地区，自然条件和地理位置较差，而中部地区中省会西安市因其优越的条件，成为了陕西省80%人才的聚集地，目前掌握了像复种、病虫害防治、疫情免疫、良种培育等优质生产技术。

陕西省因其独厚的地理位置，一直是中国的农业大省之一。现代农业中，农业对于陕西省经济的增长更是发挥着不可或缺的作用。农技服务体系很长时间方式单一和效率低下是陕西省的普遍现象，农业崭露头角，农民收入提高的靶目标逐渐才能实现。现在的陕西省除了西北农林科技大学、杨凌职业技术学院外，还有科研所、植保站、土肥站、畜牧兽医站、种子企业等科研技术机构，是以乡镇县为基础的农技服务推广体系。形成了县、乡（镇）农技推广机构为基础的农技推广服务体系。截至2016年年底，陕西省具有各类农业专业技术协会及农民合作组织856个，惠及陕西省30多个县。到2016年年底，各类农业专业技术组织达到1523，合作组织成员达到121 840户，其中，农民成员有118 520户（占整体的96%）。可是，越来越多的社会农业组织加入陕西省农业技术服务体系的进程中来。这一现象，陕西省农业科技成果整体以提高收益为原则，现行体制及机制为契机，推进农机服务机构、科研高校、涉农企业及科技型企业对农业科技服务体系的推广和应用。在各级政府的支持与指导下，陕西省涌现出了一批先进的农业科技推广服务模式，针对各区域自身的特点，均不同程度地进行了推广试用，在取得一定成效的同时也伴随着一些问题的产生。在陕西省关中地区具有得天独厚的地理优势，因此，农业科技成果推广及应用也进行得比较顺利，陕北和陕南地区，由于恶劣的地理及自然环境导致了许多农业科技成果无法实施。因此，陕西省农业科技推广服务体系建设面临着严峻考验，如何提高农业科技成果推广及应用、如何提高农民收入则成为各级农技推广服务机构的首要任务。陕西省农业科技推广服务体系坚持“政府主导、多元发展”的道路。具体措施是：公益性主导，经营性为辅，实行“一主多元”的发展方式，成功实践了集权、农民专业协会、农业院校为主导、技术产业化发展模式等具有当地特色的发展模式。“公益性为主”是加快构建公益性推广服务机构为主体，加大政府在农技推广方面政策、资金、技术及人员装备等方面的提供力度。“经营性为辅”是指合作经济组织为基础、龙头企业为骨干、其他社会力量为补充的发展方式，凡是为农技服务的主体，政府采取扶强扶优的原则，扶持其发展。

从农户的角度出发，对农技推广过程中有关技术需求问题进行了详细阐述。所有数据来源于陕西省西安市高陵区、临潼区、杨凌区、蓝田县及周至县的实地调研，调研采用实地访谈与问卷调查相结合的方式，并发放问卷600份，剔除部分不合格问卷，有效样本达534户，有效问卷占比为89%。

三、陕西省农业科技服务体系概况

在国际环境中，无论是发达国家还是欠发达国家，都应该拥有一支国家农技服务队伍。我国又是经济和人口大国，只有拥有属于自己的服务体系，才能为政府更加承担为人民服务的责任和支持农业的发展。客观准确地确定农业技术服务体系在生态系统的定性定位，事关改革的长治久安。截至2016年，陕西省可耕地面积约为399.5万公顷，与2015年相比仅增长0.01%；年内增加耕地面积减少65.76%，陕西省较我国其他省份而言，农村规模比较小，规模低，在市场流通不具有竞争力。随着城镇化加快新型农业科技服务体系包括公共服务机构、合作经济组织、龙头企业、其他社会力量、公益性和有偿性服务相结合的系统。要想发展好该体系，必须把工作中心放到基层农技服务体系中去。基层服务体系作为与农民直接有联系的体系，以其独特的性质和位置，必须依靠公共服务得以发展。一方面随着服务工作的深入推广，省政府的负担过重和压力过大；另一方面政府和农民、科研人员、宣传服务人员缺乏有效沟通，这导致了政府主导下的农技服务体系逐渐落后的结果，农业发展迎来了新的机遇和挑战。而信息来源的方式有政府主导型传播、大众媒体传播、人和人相互传播等方式。政府发布的信息本来没有。虽然大众媒体的宣传影响力大但是由于一些商家虚报谎报营业执照甚至买卖违法商品，给农民的生产带来了损害。由于假冒伪劣商品的难以辨别性和请专家识别的高成本，导致难以直接阻止农民买到假种子、假农药、假化肥事件的发生。

2016年陕西省技术进步对农业增长的贡献率达到13.5%，其中，农作物良种在技术进步贡献率中所占比例超过7%，但同农业发达省份相比，依然有较大差距，这些差距具体表现为：首先，农业技术自主创新能力不强，尤其是产业发展关键技术和原始性创新技术的对外依赖情况较为严重，产前、产中和产后集成与配套技术的供给数量明显不足。其次，农业技术的应用能力不足，研发人员、推广人员和使用主体的素质普遍不高。最后，农业科技服务体制不顺，科研系统、教育系统和推广系统处于相互独立的运行状态，彼此之间缺乏应有的沟通及联结。要解决这一难题，必须建立完善的农业科技服务体系。

陕西省农业科技服务体系创立于 20 世纪 50 年代初期，经过 10 年左右的时间逐步形成了省、市、县 3 级推广体系。受经营主体同质化和市场发育程度低等因素的共同影响，最初农业科技服务体系运行机制大多依照政府部门相关的农业政策进行构建，技术服务的内容集中在农业生产产中阶段，推广路径也呈现出一种自上而下的特征，其根本目的在于最大限度上保证粮食安全与社会稳定。不可否认的是，该机制在计划经济时期对大范围普及农业知识，提升农民科技素质以及促进农业经济发展发挥了不可替代的作用。但随着改革开放和农村市场经济体制的建立，这种以政府为中心的农业科技服务体系在运行过程中的弊端与问题日益凸显。具体而言，第一，政府与微观农业经营主体之间的行为目标存在较大差异，自上而下的技术传递途径严重忽视了广大农民的需求，在一定程度上反映出技术研究、推广和使用环节之间互相割裂的状态，缺乏足够的协调和统筹。第二，农户分化背景下形成的多元化农业经营主体使公益性农业技术资源供给不足，所谓农户分化是指由土地制度改革、工业化城镇化推进以及要素市场逐步健全等因素引发的农户从以高度同质化为特征的传统单一型农业向多元化现代农业转变，并最终使农户分化为不同种类和不同规模的异质群体，即分化为：小规模兼业户、专业大户、家庭农场、合作社等。这些异质类农户在生产目标、经营规模、知识结构、理论水平、风险态度等方面表现出一定差异，因而对农业技术及其传递路径的需求也有所不同，仅靠一元化农技供给主体显然无法满足不同类型农户的需求。

因此，陕西省的农业科技服务必须注重各类农户对农业技术的需求，农业科技服务体系从需求动向来说，根据自身质量需求能在市场上买到更合适的有质量保证的生产技术，实现资源配置最优化。农业科技服务体系实现了科学成果到现实生产力的转变，采用公益与有偿服务相结合的体系。为深度实现文明和谐、共同服务、可持续发展的目标，积极发展民间科技服务组织，大力推进科研投入，大力招商引资，让龙头企业带动陕西整体发展全方位从科技投入开发和成果实现体系化的科技服务。

农业科技服务是实用技术和科研成果顺利有效地应用于农业生产的重要方式和手段。农业科技服务体系问题的探究和机制优化方案的设计对促进科技成果转化、提高农业综合生产能力、实现农民增产增收具有重要的理论意义和现实意义。

（1）理论意义。从农户技术需求特征视角，探究陕西省农业经营主体多元化趋势下农业科技服务体系的创新问题，围绕异质类农户农业技术需求的差异化、多元化发展，优化农业科技服务体系，探析同异质类农户农业技术需求相匹配的农业科技服务模式及实施方案，有助于丰富农业科技服务理论体系，化解现阶段陕西省农业科技服务过程中面临的理论指导困境。另外，对异质性农户技术需求契合度进行分析，深化农户生产行为理论的研究，有助于完善农户行为理论的研究体系。

（2）实践价值。通过对陕西省不同农户农业科技供需的调研，分析小规模兼业户、专业大户、家庭农场、合作经营户等异质类农户供需契合状况，构建同异质类农户需求相适应的农业技术供给与服务方案，实现了农业科技服务的针对性和匹配性，在最大程度上提升了农业技术的推广效率。另外，农业科技服务体系的优化为农户技术需求信息的反馈和传递创造了条件，有助于在农业技术研发、推广及应用环节形成良性循环，实现科研和生产更好地对接，提升农业科技创新与转化的效率，对于推动现代农业发展、促进农民增产增收将产生积极的影响。

第三节　陕西省农业科技服务体系存在的主要问题

一、管理体制设置不合理，运行机制落后

陕西省现行的农业科技服务体系是在传统计划经济的基础上发展起来的市场

经济体系。其中，由于市场意识和市场经营经验的缺乏，不仅存在农技宣传服务部门职能模糊不清，职责分工不清楚的问题，还有农业科技的项目都是政府传导的方式。陕西省现行的农业科技推广服务体系是在传统计划经济条件下形成的，存在着市场意识和市场经营经验不足的问题。多部门共同管理，具体的分工并不能找到对应的客体。加上制定农业技术服务的政府从业人员，他们也不能完完全全反映出所有农民的多样化需求，就造成了下达的命令不能得到有效的实施，造成了一定程度资源分配的不合理。政府开展项目，单向采用“行政+经费”的传播方式，更多地只能站在政府的角度，俯瞰整个农业技术服务过程，无法客观感受到农技服务接受者的切身的需求，也难以很快感知农业市场的及时的真实需求。另外，政府投入经费也有限。

最近，乡镇级农业科技服务站的发展朝着按相关专业综合，建立综合性的农业科技服务中心枢纽，实际上来讲，陕西省还是按照传统分法分为种植、养殖、水产、林业 4 部分构成，只是在过去分为蔬菜站、果园站、肥料站、种子站、植物保护站和农业机器站为种植业综合服务中心的基础之上的精细化分法。表面上，更加精简的分类减轻了工作负担，实际上造成了基层综合服务中心与上级相关业务部门的脱节，因为虽然基层服务部门综合了传统的分类方法组建部门，但是主管部门没有相应综合，加上，乡镇综合管理部门管理权利较大，乡镇经费受到限制，综合考虑仅精减了看似冗余的推广服务人员，使得原来服务力量不足的情况愈发严重。因而，就陕西省的乡镇级服务系统而言，建议将按照行政区划分的农业科技服务体系改变为按自然生态区域设置，3 个地区应该仔细分析区域农业生产的特点，因地制宜，重点面向区域提供服务。这样一来，可减少乡镇农技服务站的数量，整合实力，改变过去每个乡镇一个科技服务站，而技术人员不足和闲职业很多不匹配，不仅完成不了既定服务内容，工资支出确实成为乡镇政府一大负担的现实基础，随着农村税费改革的实施，政府财政支出过大，入不敷出，对农业科技服务人员的工资更是无能为力，另外，区域性农业技术服务中心可以自然实行以县为核心的管理机制，可理顺上下级的关系。经过陕西省多年和多地的实践证明，乡镇农业技术服务机构适宜实行以乡为主的管理体制。其主要原因，一是农业新技术、新成果的引进、实验。示范、宣传和疫病防治等科技服务工作都是以县、市为主组织实施，因此为了保证农业技术服务工作的顺利和高效运作，要求县域内的农业技术服务机构和组织上下级相联系，密切配合。乡镇农业技术服务机构下放乡镇政府管理后，多数县市出现了指导不当，县、乡脱节的情况，使农业科技服务体系不能顺利开展。二是乡镇农业科技服务机构是有业务多且强的特点的单位，陕西省各市业务主管部门主导，相对能照顾到陕西省的工作特点，有效进行业务建设的加强工作，管理行为也更加规范化，工作的连续性也很好。而乡镇政府只能实行一般行政管理，管理上灵活性太大，连续性又不强。三是目前乡镇财政困难，作为行政机构的基层，县市省财政分配给乡镇农业技术服务机构的预算经费有限，一些地方县把乡镇级农业技术服务机构当作盈利企业对待，规定时间上缴工作任务，服从安排，有的甚至不计代价，把农业技术服务中心的站点等固定资产抵债或者还债务。一些办得好的乡镇农业技术服务机构在下放给乡镇管理后，遇到了不同的困难。陕西省部分基层农业技术服务人员的人事职权和工资待遇不受上级农技服务部门的统一管理。这部分人员就主要投入以乡镇产业基础设施建设安全维护等与农技推广无关的生产工作中去。此外，农民整体水平不能满足需要，适应不了。因此，在新一轮的乡镇基层机构改革中，应认真总结下放机构遇到的问题和经验教训，乡镇农业技术严格遵循以县级为中心的管理模式。并且，随着乡镇级农业科技服务区域中心站的设置，县级相应部门同时进行整合，在农业局内部设置推广服务部门，专门负责种植业农业科技服务中心区域站的工作联系，或者设立县综合服务中心，直接将区域农业技术服务中心作为县综合服务中心的派出部门。条件允许的情况下，地区农业局和陕西省农业厅，在内部设立农业技术服务职能部门，顺应从上到下的管理机制。

二、推广人员专业技术水平大部分达不到国家标准

总的来说，陕西省农技服务体系普遍老龄化。每年引进的大学生、专科生和技师比重比较少，其中一部分原因是大专相关专业太少，导致人数不多。乡镇机构撤乡并镇，导致基层农技人员减少颇多，服务范围扩大，关中地区人均服务面积 263 平方公里，陕北和陕南地区的人均服务面积更大。自改革开放以来，随着在岗人员辞职和退休，出现有编无岗、人员流出比例大、新进来的人员又少等问

题。由于历史原因，现在有大部分的农技服务人员是改革开放后投入建设中去的，当时的那部分人，都步入了中老年，据调查统计，陕西省 45 岁以上的农技服务人员约占 60%。

对于基层农技推广人员，年轻人无法晋升，学历高，职称要求多，单位空岗难求。职称评审资格要求高，有的人到退休还是初级职称。基层农技人员工资水平较高，但横向维度来说占据低位。好多有 25 年工龄的员工，月工资 3000元左右；多数单职工大多是单职工家庭，这也是人才流出比例严重的重要原因。新进的大学生，工资更低，生活费用要靠父母亲戚支持，结婚、购房更是增加了负担。西安市服务站 50%以上的人员，靠家庭做其他副业支撑，有个别农技院职工下班后在县城蹬三轮车养家。住房公积金、医疗保险、福利津贴等虽有政策依据，但是没有资金的具体支持，落实难度大，整体收入和学校、医疗卫生和乡镇政府等行业落差大。某县乡镇农技人员与行政及其他事业单位人员，每年少收入 4 万元左右。目前，陕西省大多数地区实现浮动工资政策，基层人员待遇有所提高，但福利政策不完善。陕西省农业技术推广人员大部分年龄比较长，在脑力和体力上已经不能满足推广工作的需要。一部分人甚至没有农技服务资格证书，也没有定期汲取经验，获得培训机会的条件。农技服务人员专业技术服务水平限制了政府下达的推广任务的进度，农民也不得不接受有强加色彩的农业技术，成为体系完善过程的一大障碍。一方面，一些农业科技服务对农业生产没有帮助，对农民来说也不需要；另一方面，农民所需的生产技术得不到上级农技部门有效的信息，总的来说，政府和农民相互之间供给与需求的不衔接引发了彼此之间的矛盾。

另外，农业科学技术的创造者像高校、科研院所，由于缺少实际经验，大多数科研人员没有从事农业生产的经历，因而不了解市场的真实需求。一般像高校及研究所为了更好地应用农业科技服务体系，没有从示范农户开始就难以形成规范化服务体系。专业人员对农民工作者的宣传培训，往往采用传授式教学，对于农业生产所需要的技术，更多地停留在研究者的角度上思考问题。农民可能从亲戚邻居获取的实务型知识对于农业生产反而更加有利，这就导致了宣传服务体系达不到预期的效果。加之基层地区农业仪器设备陈旧，落后的推广手段和方式与农业现代化发展不相符，进而难以满足农民对农业科技成果转化的实际需求。

三、资金投入保障不足，财政落后于农业发展的需要

资金既是农技推广工作的基础，也是保障因素。我国农业技术推广资金主要是行政加上财政拨款的方式，总支出不足农业总投入的0.5%，陕西省作为农业大省之一，情况也是类似。省政府获取的农技服务体系的经费，一部分按照农技服务人员的基本工资标准发放，少部分为了完成服务体系构建的目标投入技术服务体系中去。由于本来资金就比较匮乏，据了解，陕西省甚至有部分的农技服务体系的基层推广人员连基本工资也不能得到保证。这些基层技术服务人员连自己的生活都不能满足，他们就很难完全投入推广服务工作，这样使服务进度令人担忧。目前陕西省通过公益性服务组织让农业服务带来更大的收益，创造更高的价值。中国政府公益性组织给原本的农业服务带来了更大负担，创造收入的能力有限，往往入不敷出。创收的服务方式单一，引进更多资金提供者，探索并应用更多有偿服务方式，使得农技也成为农科服务体系的一大问题。

第二章　陕西省农业科技服务体系供给分析

第一节　陕西省农业科技服务的供给现状

一、技术供给方面

依据陕西省《农业技术推广法》，现阶段陕西省农业科技服务体系中涉及的技术服务主要包括 8 种类型，即：①良种及其繁育、栽培技术；②肥料及其施用技术；③植物病虫害和其他有害生物防治技术；④农产品收获、加工、包装、贮藏、运输技术；⑤农业投入品安全使用、农产品质量安全技术；⑥农田水利、农村供排水、土壤改良与水土保持技术；⑦农业机械化、农用航空、农业气象和农业信息技术；⑧农业防灾减灾、农业资源与农业生态安全和农村能源开发利用技术。从农业科技服务体系分类可以看出，法律条文中农业技术的应用范围不仅局限于生产环节，而是涉及产前、产中和产后全过程。从现实角度来看，供给主体提供的技术服务类型表述如下：一是优良品种的推广。目前，陕西省农业科技服务中良种的推广主要着力于高产优质的多抗农作物新品种推广，每年推广 10 多个主要农作物新品种，新品种的年更换率为 8%，良种覆盖率达到 92%以上，品种对农业增产的贡献率达到 30%以上。二是栽培技术推广。以农作物品种为依据，可以将栽培技术划分成粮食作物栽培技术，油料作物栽培技术和经济作物栽培技术 3 种类型。其中，粮食作物的高产高效栽培技术，主推水稻抛秧、超级稻，小麦精量半精量播种、氮肥后移，玉米一增四改、地膜覆盖以及马铃薯脱毒种薯等技术。油料作物的轻型高效栽培技术，主推了大豆垄三栽培、窄行密植，油菜少免耕、直播，花生地膜覆盖、麦茬夏播等技术。经济作物的优质高效栽培技术，主推了转基因抗虫棉超高产栽培、无土育苗移栽，蔬菜集约化育苗、设施栽培以及园艺作物避害等技术。三是植保技术推广。植保技术的推广主要包含两个方面：一是农作物重大病虫害综合防控技术，对蝗虫、草地螟等应急防控和生态控制技术，以及水稻“两迁”害虫、小麦“一喷三防”、农田统一灭鼠、草害化学防治、农作物病虫害绿色防控等重大技术进行推广和传播；二是安全科学用药技术，着重推广农药减量控害、高毒农药替代、用药风险评估等技术。

二、人员供给方面

（一）编制与科技服务人员数量情况

1. 编制情况

如表 2-1 所示，陕西省 4 个系统 4 级农业科技服务机构共有农业科技服务人员编制 2.4 万个。从各级分布看，省级农业科技服务机构有 0.03 万个，占总数的 1.25%；地市级 0.17 万个，占 7.1%；县级 0.9 万个，占 37.5%；乡级 1.3 万个，占 54.5%。

表 2-1　陕西省各级农业科技服务机构人员编制情况

所属级别	编制数量（万个）	占总数的百分比（%）
四级合计	2.4	100
省级	0.03	1.25
地市级	0.17	7.1
县级	0.9	37.5
乡级	1.3	54.5

从各层级看，省级平均每个机构有农业科技服务人员编制 1.24 个，地市级有 0.53 个，县级有 0.41 个，乡级最少，每个机构只有 0.18 个。

从表 2-2 中的行业分布看，种植业系统 4 级共有农业科技服务人员编制

1.13 万个，占总数的 40.3%；畜牧兽医系统 0.84 万个，占 30.0%；农机化系统 0.29 万个，占 10.4%；水产系统共 0.10 万个，占 3.6%；其他行业（指与农业部属种植业、畜牧兽医、水产、农机化 4 个系统中的一个或多个在同一个机构内，从事其他行业技术推广工作，主要在县、乡两级）0.44 万个，占 15.7%。

表 2-2 陕西省各行业农业科技服务人员编制情况

所属行业	编制数量（万个）	占总数的百分比（%）
种植	1.13	40.3
畜牧兽医	0.84	30.0
水产	0.10	3.6
农机化	0.29	10.4
其他	0.44	15.7

2. 实有农业科技服务人员情况

全省 4 个系统 4 级农业科技服务机构实有农业科技服务人员 2.35 万人。从表 2-3 中各级分布看，省级推广机构有 0.04 万人，占总数的 1.7%；地市级 0.16 万人，占 6.9%；县级 0.88 万人，占 37.3%；乡级 1.27 万人，占 54.1%。

表 2-3 陕西省各级农业科技服务机构实有农业科技服务人员情况

所属层级	实有人员数量（万人）	占总数的百分比（%）
四级合计	2.35	100
省级	0.04	1.7
地市级	0.16	6.9
县级	0.88	37.3
乡级	1.27	54.1

从表 2-4 中行业分布看，种植业系统实有农业科技服务人员 1.06 万人，占总数的 45.4%；畜牧兽医系统 0.82 万人，占 34.9%；农机化系统 0.26 万人，占 11.1%；水产系统 0.09 万人，占 4.0%；其他行业 0.11 万人，占 4.6%。

表 2-4　陕西省各行业实有农业科技服务人员情况

所属行业	实有人员数量（万人）	占总数的百分比（%）
种植	1. 06	45. 4
畜牧兽医	0. 82	34. 9
水产	0. 09	4. 0
农机化	0. 26	11. 1
其他	0. 11	4. 6

（二）陕西省农业科技服务人员学历情况

陕西省 4 个系统 4 级农业科技服务机构现有编制内农业科技服务人员 2. 35 万人中，具有本科及以上学历的 0. 56 万人，占编制内人员总数的 26%；具有大专学历的 0. 86 万人，占 30%，具有中专学历的 0. 59 万人，占 28%；中专以下学历的 0. 34 万人，占 16%（图 2-1）。

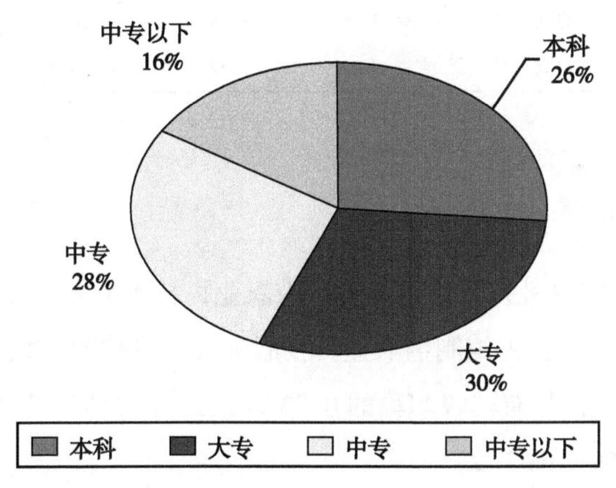

图 2-1　农业科技服务机构编制人员学历情况

从层级看，省、地市、县、乡 4 级农业科技服务队伍中，具有中专及以上学历比例从高到低依次为：省级 81. 6%、地市级 78. 5%、县级 65. 7%、乡级 59. 6%（表 2-5）。

表 2-5 不同层级农业科技服务队伍学历结构

	省级	地市级	县级	乡级
大学及以上（%）	56.1	39.6	26.1	14.3
大专（%）	17.5	28.5	19.9	18.8
中专（%）	8	10.4	19.7	26.5
中专以下（%）	18.4	21.5	34.3	40.4

从行业看，4 个系统编制内农业科技服务人员具有中专及以上学历的比例从高到低为：种植业 92.6%、畜牧兽医 86.6%、水产 84.8%、农机化 76.7%。其他行业 82.5%的编制内具有中专及以上学历（表 2-6）。

表 2-6 不同行业农业科技服务队伍学历结构

	种植业	畜牧兽医	水产	农机化	其他
大学及以上（%）	26.1	25.6	19.6	15.6	19.5
大专（%）	43.9	26.9	27.8	34.9	29.6
中专（%）	22.6	34.1	37.4	26.2	33.4
中专以下（%）	7.4	13.4	15.2	23.3	17.5

（三）职称情况

4 个系统 4 级农业科技服务机构编制内农业科技服务人员 2.35 万人中，具有高级职称的 0.19 万人，占编制内农业科技服务人员总数的 8%；具有中级职称的 0.76 万人，占 32%；具有初级职称的 0.83 万人，占 36%；没有专业技术职称的 0.57 万人，占 24%（图 2-2）。

从表 2-7 中的层级看，省、地市、县、乡 4 级农业科技服务队伍具有专业技术职称人员的比例从上向下逐级降低：省级 77.1%、地市级 73.3%、县级为 70%、乡级为 64.5%。

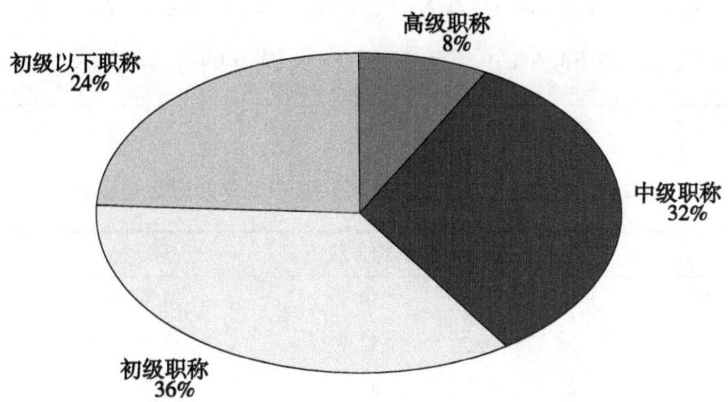

图 2-2 农业科技服务机构编制内农业科技服务人员职称情况

表 2-7 不同层级农业科技服务队伍职称结构

	省级	地市级	县级	乡级
高级职称（%）	12.7	11.6	7.5	3.7
中级职称（%）	27.6	28.0	29.6	26.7
初级职称（%）	36.8	33.7	32.9	34.1
初级职称以下（%）	22.9	26.7	30.0	35.5

从行业看，4个系统编制内农业科技服务人员有专业技术职称的比例从高到低依次为：种植业74.6%，畜牧兽医73.4%，水产67.5%，农机化62.2%。其他行业为56.8%（表2-8）。

表 2-8 不同行业农业科技服务队伍职称结构

	种植业	畜牧兽医	水产	农机化	其他
高级职称（%）	9.2	5.6	8.6	6.2	3.4
中级职称（%）	30.6	28.0	25.2	20.5	20.8
初级职称（%）	34.8	38.8	33.7	36.0	32.6
初级职称以下（%）	25.4	27.6	32.5	37.3	43.2

（四）年龄状况

4个系统4级农业科技服务机构现有编制内农业科技服务人员2.35万人中，

年龄在50岁及以上的共有0.51万人，占编制内人员总数的21.7%；年龄在36~49岁的1.26万人，占53.6%；年龄在35岁及以下的0.58万人，占24.7%（表2-9，表2-10）。

表2-9　各层级农业科技服务队伍不同年龄段人员比例

	省级	地市级	县级	乡级
50岁及以上（%）	18.5	19.1	21.6	22.8
36~49岁（%）	56.1	52.7	56.1	51.6
35岁以下（%）	25.4	28.2	22.3	25.6

表2-10　各行业农业科技服务队伍不同年龄段人员比例

	种植业	畜牧兽医	水产	农机化	其他
50岁及以上（%）	23.7	20.5	18.6	21.2	19.8
36~49岁（%）	53.6	56.2	59.3	53.6	50.7
35岁以下（%）	22.7	23.3	22.1	25.2	29.5

（五）性别比例

陕西省农业科技服务机构编制内农业科技服务人员中，男性1.56万人，占编制内总人数的66.4%，女性0.79万人，占编制内总人数的33.6%。

男性与女性的比例为1.98∶1。从层级看，“从上到下”男性与女性的比例呈升高趋势，省级为1.9∶1，地市级和县级均为1.8∶1，乡级推广机构由于条件较为艰苦，男女比例明显偏高，达到3.1∶1。从行业看，水产系统男女比例最高，达到3.0∶1，其他从高到低依次为农机化系统2.8∶1，畜牧兽医系统2.6∶1，其他行业2.4∶1，种植业系统2∶1。

三、资金供给方面

在农业科技服务的过程中，政府的资金供给与保障制度对农业科技成果推广的成功与否起着十分关键的作用。以下从人员工资待遇、设施设备、工作经费等方面对现阶段陕西省农业科技服务机制中的资金供给情况做出分析。

（一）基层农业科技服务人员工资待遇情况

目前基层农业科技服务人员收入水平比改革前有较大幅度提高。相关数据调查显示，县级农业科技服务人员月平均收入由2007年的1265元，提高到目前的2060元，增长62.8%；乡镇农业科技服务人员月平均收入由2007年的1026元提高到目前的1865元，增长81.8%。其原因：一是基层农业科技服务体系改革后，农业科技服务人员特别是乡级农业科技服务人员工资由原来的差额拨款或自收自支改为全额拨款，二是近年来地方工资改革和连续调资。

（二）设施条件保障情况

数据显示，经过近年来的努力基层农业科技服务机构工作条件有较大改善，但与履行公益性职能的需要相比仍然有较大差距。

首先，县级种植业技术推广机构设施条件相对较好。59%的县级推广机构有自有办公用房，电脑、投影仪、交通工具的配置比例分别为90%、69%、60%。但是，只有51%的机构有检测检验设备，12%的机构有试验示范基地，绝大多数只能采取租用或合作方式开展试验示范工作。

其次，乡级种植业技术推广机构设施条件亟须改善。26%的乡镇推广机构有自有办公用房，大部分在乡镇政府调剂安排的1~3个房间工作；电脑、电话、传真机的配置情况较改革前明显改善，配置比例分别为62%、43%、19%，但仍然较低；下乡交通工具、检测检验设备的配置比例均只有16%；95%的机构没有试验示范基地，靠租用或合作方式开展试验示范工作。

（三）工作经费保障情况

调查数据显示，目前基层推广工作经费保障程度普遍偏低，尤其是乡镇推广机构工作经费严重不足。

在县级，59%的县级机构有一定的工作经费，但数额明显偏低。在有工作经费的推广机构中，每个机构年均有经费8.2万元。若按面积计算，每亩耕地每年只有推广经费 0.09 元。

在乡级，有 27%的乡镇推广机构有一定的工作经费。在有经费的乡镇推广机构中，每个机构年均工作经费为 1.7 万元，按面积计算，每亩耕地每年只有 0.19 元。

第二节　陕西省农业科技服务供给模式分析

对农业科技服务体系供给模式分析的前提是区分不同类型农业技术。从权属关系角度来看，可以将农业技术划分成公共物品类农业技术和私有物品类农业技术。其中公共物品类农业技术主要由政府部门负责研发和推广，具有非竞争性和非排他性特征；私人物品类农业技术的供给主体呈现出多元化趋势，包括涉农企业、农民专业合作社、科研单位以及剥离公益性职能的基层农业科技服务组织，具有竞争性、独立性和排他性 3 种主要特征。农业技术的不同属性和实施效用决定了其供给主体和途径将出现较大差异，下面就公共物品类农业技术和私人物品类农业技术供给模式及其特征展开论述。

一、陕西省公共物品类农业技术的供给模式

从总体上看，陕西省现阶段公共物品类农业技术的供给模式表现出以下特征：一是单一化供给主体。公共物品类农业技术非竞争性和非排他性的特征导致技术本身的外部效应十分明显，科技成果的收益大部分被社会无偿占有，因此对私有部门而言，成为这一类型农业技术供给主体的风险较大，生产收益无法得到充分保证，技术投资的积极性不高。政府出于社会稳定和粮食安全等方面考虑，主动对公共物品类农业技术进行投资，并逐渐形成了技术成果供给的主导权和单一化的技术供给主体。二是“自上而下”的技术传递路径。这是单一化供给主体在技术推广过程中的具体表现，进一步来看，陕西省农业科技服务项目一般由各级政府决定，然后依据各地区实际情况逐级下达。虽然在项目申报环节引入了相应的竞争机制，但农业科技服务项目本身忽略了广大农民的实际需要，造成技术成果的使用效率低下，推广资源和科研资源的浪费现象严重。

通过上述分析可以发现，陕西省公共物品类农业技术供给模式是由政府主导的行政性模式，农业技术的科研和推广部门都是政府官办机构，其主要职能是完成上级安排的种种任务，而并非以满足农民需求视作行为目标，市场导向性特征较弱。政府利用指令和资源调配等方式将两者进行联结，形成一种以政府为中心、科研机构和推广部门相互割裂的结构安排，如图 2–3 所示。

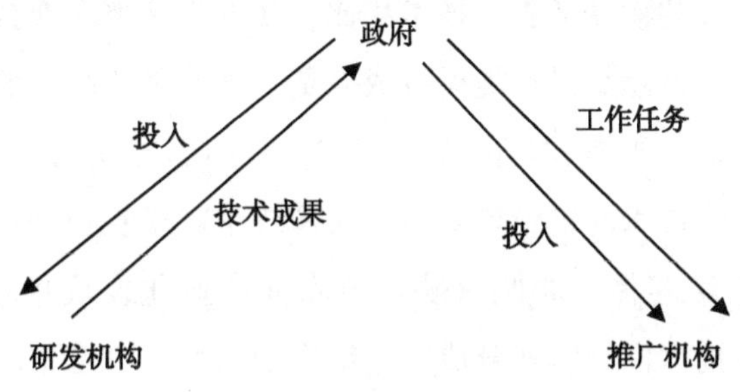

图 2–3 公共物品类农业技术供给模式

在这一模式中，政府依据事先制订的计划向包括科研院所、高等院校在内的农业技术科研机构下达任务，并向其提供资金、人力、机械设备等资源；科研机构将这些资源进行有效整合，将研发出来的技术成果传递给政府；政府从所有技术成果中按自身偏好进行甄选，并向农业科技服务部门下达推广命令。需要强调的是，推广部门对农业技术不具有选择权，而仅可以向政府提供建议，所以这种运作模式更多地表现一种单向特征。此外，无论是农业科技服务部门还是科研机构都不需要承担任何经济责任，也就是说农业科技服务效率提升和实现研、推、用协调发展不是他们需要关心的问题。

虽然公共物品类农业技术的供给模式在运行过程中存在许多问题，但它在农业生产力提高、保障、粮食安全、改变农村落后面貌等方面发挥了积极作用。进一步来讲，政府拥有的决策权和资源要素越多，农业科技服务表现出来的公益性就越强，对关系国计民生的推广技术更加重视，这为陕西省高度分散、数量庞大且经济实力相对较弱的小规模农户营造了适宜的发展环境。此外，公共物品类农业技术本身带有强烈的自然垄断属性和成本沉淀性，单就供给效率而言，政府的运作效率及能力都强于任何组织或个人。

二、陕西省商品类农业技术供给模式

私人物品类农业技术的供给主体不但众多，而且涵盖了产前、产中和产后的整个农业产业链，包括为生产经营做准备的农业技术研发、农用物资供应等前期阶段，农作物种植、水产畜禽养殖等中期环节，农产品深加工、运输、包装、冷藏等产后环节。与公共物品类农业技术相比，私人物品类农业技术一般是价值和使用价值的集合体，也就是说这类科技成果是一种技术商品，而商品的有用性可以在最大限度上满足异质类农户的技术需求，有利于实现农业技术的供求契合，因此私人物品类农业技术的供给模式主要为围绕小规模农户进行构建，将其视为农业科技服务的供给客体。参照《陕西省农业产业化发展报告》的分类标准，将私人物品类农业技术供给模式分成专业组织带动型、市场带动型、企业带动型和科研机构带动型4类，下面就各供给模式分别进行阐述。

（一）专业组织带动型

这里的专业组织既包括以小规模农户、专业大户为主体的农民专业合作组织，也涉及不同类型的专业协会。首先来看“农民专业合作社+小规模农户”的农业技术供给模式。农民专业合作社是依托家庭联产承包责任制，在自愿的前提下将同种类型农业生产经营服务的供给者或同类农产品的生产经营者进行联合，实施民主管理的互助性经济组织。专业合作社的类型主要包括以资金、劳动、专利等要素参股的农民专业合作社，以农业技术参股的农民专业合作社和以农业科技服务中心（站）组织成立的农民专业合作社。农民专业合作社一方面向内部成员提供各种农业技术服务，另一方面负责联合所有参与者进行统一的生产、销售、包装和运输，并向其提供相关市场交易信息。由于专业合作社承担农业生产经营过程中全部的农业科技服务，因此是介入程度最深的一种农业技术供给模式。“专业协会+小规模农户”是专业组织带动型的另一种农业技术供给模式，这里的专业协会一般出现在县级以下区域，由涉农企业、专业大户、家庭农场或农村基层组织牵头成立，向广大小规模农户提供以生产资料、经营指导、市场信息为代表的产前、产中和产后服务。由于专业协会的构成主体本身也从事农业经营活动，对当地生产环境十分熟悉，其农业技术的认知水平也相对较高。因此，他们提供的技术服务内容丰富、方式灵活性，而且服务费用较低，对小规模农户而言，“专业协会+小规模农户”是一种便捷、实惠、高效的农业技术供给模式。

（二）市场带动型

顾名思义，市场带动型农业技术供给模式是利用各类专业化市场联结生产环节与消费终端，以交易为目标实现农产品价值的形式，即“专业市场+农户”。该类型供给模式以农产品批发市场或专业市场为依托，一方面与众多小规模农户保持联系，负责农产品的运输以及市场信息服务，另一方面主动联结消费群体，包括农业加工企业、大型超市或直接面对城市居民，促进农产品价值与使用价值属性的顺利让渡。需要指明的是，专业市场仅仅为农产品交易双方构建一个平台和通道，它本身不提供传统意义上的农业科技服务，也就是说专业市场的作用环节只存在于运输流通和交易信息上，属于产后农技服务的范畴，供给模式运行的内在逻辑是以农产品为对象，保障交易过程合理有效的实施。市场带动型农业技术供给模式有利于提升区域范围内农业生产的专业化水平，扩大农业生产规模。在市场信息丰富且可信的基础上进行农产品买卖可以节约交易成本，有效降低小规模农户的生产经营风险。此外，专业市场还起到了一种监督和防控作用，利用该途径进入消费领域的农产品，其品质和安全都有一定保证，从某种程度上提高了产品的质量安全水平。

（三）企业带动型供给模式

农业企业不但兼备技术成果研究、推广和使用的三重角色，而且对其他类型农业组织的经济收益和运行效率影响深远，因此在私人物品类农业技术的供给模式中处于十分重要的地位。进一步来看，由农业企业参与的技术供给模式类型较多，主要包括“公司+小规模农户”“公司+基地+小规模农户”“公司+合作社+小规模农户”和“公司+经纪人+农户”等。

（四）科研机构带动型供给模式

“科研机构+农户”的农业技术供给模式。在私人物品类农业技术的交易中，科研机构与广大农户之间存在一种平等化的买卖关系，农民依据自身需求在参照市场价格的基础上购买技术商品，而科研人员只有提供令农民满意的技术服务时才能促成商品交易。进一步来看，由科研机构直接与技术采用者进行商谈，其内容主要包括农技服务类型、交易方式、服务期限、违约赔偿等方面。然后，科研机构根据商谈结果向顾客提供技术服务，顾客以接受到的农技服务质量为依据按事先确定的价格和收费标准进行支付。本质上讲，技术商品的推销过程实际上充当了农业科技服务的角色。

第三节　陕西省农业科技服务体系中技术供给存在的问题

一、政府层面存在的问题

自新中国成立以来，陕西省建立了一套多学科、多领域、多功能的完整性农业科技服务体系，曾在保证粮食安全、实现大田作物技术普及等方面发挥了重要作用。然而受计划经济时期政策和体制的影响，陕西省农业科技服务体系中的部门分割现象较为严重，广大农民的技术需求无法得到满足致使农业科技服务体系运行效率低下，这表明现阶段农业科技服务体系中的供给环节存在较大问题和漏洞。随着社会主义市场经济体制的建立和完善，农业生产方式及农户技术诉求发生的巨大改变使得这些弊端开始显露出来，具体而言，陕西省农业科技服务体系的供给环节存在以下缺陷。

（一）政府农业科技服务体系的运行与市场不协调

市场经济体制下，农民是农业生产的主体，农业技术的应用效益与自身利益直接相关，农民有追求农业技术的内在动力和积极性。而在政府农业科技服务体系中，为了确保粮食安全与社会稳定，推广目标的设定通常以粮棉油等农作物增产为重点，通常不会考虑农民的个人利益，因此选择什么项目推广、推广的内容是什么、推广的范围多大，都由政府决策确定，而不是靠科学的理论来指导、示范、教育农民接受并采用新农业技术，因而无法适应市场化发展要求。

农业科技服务体系不仅仅是简单的技术传递，而是涉及农技供求双方利益，有规则、有组织的经济过程。农民为了追求利益最大化，生产经营什么，选择运用什么技术，都是以预期收入为最终目标。当前，政府农业科技服务体系的运行严重滞后于市场经济要求。主要表现如下。

（1）政府农业科技服务体系限制了农民作为市场主体选择应用农业技术的自主权。在政府推广农业技术的过程中，农民往往只能被动接受政府推广的技术与内容，使其没有应用新农业技术的主动性，甚至会产生抵触情绪，从而导致推广效率低下。

（2）政府农业科技服务体系的运行缺乏有效的激励机制。农业科技服务体系人员的工作往往与其利益不挂钩，致使农业科技服务体系部门和人员只是为完成任务，不注重技术推广的效果，更谈不上利用市场信息服务帮助农民生产决策和进行推广教育。农业科技服务体系人员与农民之间缺乏有效的沟通，无法将准确、完整的市场信息及时传递给农民，影响了农业技术推广的效果。

（3）政府农业科技服务体系的基础设施差、手段落后。政府推广机构与组织大部分无试验基地，为了进行新农业技术的试验和示范，必须从农民手中反租部分土地，制约了新技术的试验与研发。

（4）政府农业科技服务体系中公益性技术推广不足。随着推广组织的多元化，农民获取农业技术的渠道越来越多，而诸多私营业主与涉农企业不愿参与的公益性农业科技服务体系，为了保证粮棉油等主要农作物生产的目标与效益，导致政府与企业等组织竞相推广经济效益高的技术，而社会效益大、经济效益低的公益性技术却推广不足。

实践证明，目前政府农业科技服务体系运行无法适应市场经济发展的需要。要分析不同农业科技服务体系的内在规律，认真研究市场，并根据市场发展的需要随时进行调整，使两者之间逐渐协调起来。

（二）政府农业科技服务体系的供给与农民需求相互脱节

目前，陕西省农业科技服务体系仍然以政府推广为主，也就是“供给主导型”模式。如图 2-4 所示，研发、创新技术供给方和新农业技术接受方是通过政府农业科技服务体系组织、机构传递产生间接联系的，这就使农业科研人员和农业科技服务体系人员无法与农民直接沟通，从而缺乏对农民技术需求的了解。

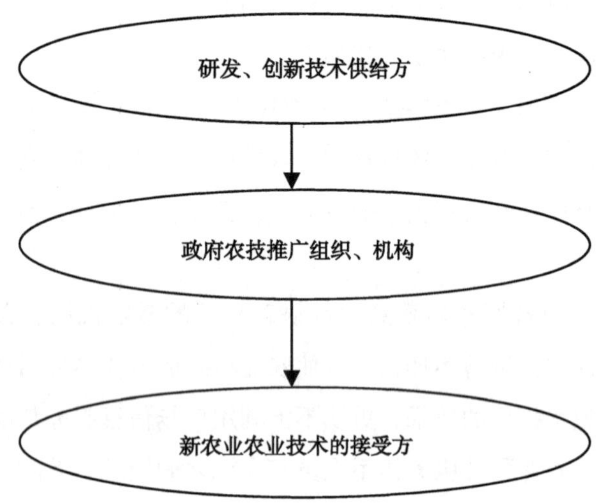

图 2-4 政府主导型农业科技服务体系

政府主导型农业科技服务体系与农民需求脱节的原因主要有以下几个。

（1）政府方面。在农业科技服务过程中，当政府目标与农民需求目标发生偏差，并且政府强行推广时，不合理的行政干预就发生了。在此情况下，基层政府往往会动用公共资源分配的权利，对不能完成政府目标的乡镇、行政村取消本应提供的公共资源，或者在未来一段较长时期内对该乡镇、行政村停止供应公共资源。对能完成政府目标的乡镇、行政村提供额外的公共资源。因此，农民在放弃公共资源和免费享有公共资源的权衡中，不得不违背自己的意愿选择政府推广的农业技术，实现了政府农业科技服务体系的目标，但偏离了农户对技术的需求，导致资源的不合理分配。

（2）科研方面。在当前的科研体制下，农业教育、科研单位的科研经费主要来源于政府，受政府主体目标的限制，农业科研组织、人员在科研选题时，往往追逐政府目标而忽略了农民进行农业生产的实际需求与市场对农业技术的选择。

（3）推广方面。农业科技服务体系组织、单位都属于国家的事业单位，其职能就是执行政府的农业科技服务体系目标。在农业科技服务过程中，农业科技服务部门只考虑是否能完成当地政府安排的农业生产任务，特别是粮食生产任务，以及与之相关的任务。缺乏主动了解农民和市场对农业技术需求状况的积极性，从而导致农业技术供给与农业技术需求脱节。

(4) 信息方面。政府推广农业技术的“供给主导型”模式，导致了农业技术供给与需求信息反馈不灵，阻碍了新农业技术的研究、开发、扩散和推广。信息与农业生产所采用技术的效益关系非常密切。信息的脱节会延缓农业技术的扩散与应用。信息不畅会直接导致新技术不能迅速、完整的传播到广大农民手中，从而降低了新技术的使用效率，增加了新技术的使用风险。反之，通畅的信息可以使农业技术的供求信息迅速被传播与反馈，从而使农业技术的研究、开发、推广和采用等各个环节紧密联系，最大限度地发挥农业科技服务体系的效率。然而，在农业科技服务过程中，供求信息的通畅反馈始终未得到有效解决。

(三) 政府农业科技服务体系机构设置分散，管理混乱

基层农业科技服务体系机构既承担公益性推广工作，又接受上级农业部门委托履行执法监督职能，有的还开展经营性服务，如县级畜牧兽医站既从事行政职能的动物检疫，又从事公益性的动物疫病监测和防疫，还从事一些疫苗和兽药的经营，造成机构职能不明，设置不规范，政、企、事不分的状况。这种情况下，行政执法职能最重要，然后才是有偿的中介服务和生产经营，而从事真正公益性的技术推广和服务被搁置，进而影响其为农民提供农业技术服务。同时，基层的推广机构设置也不规范，既有综合办站，又有专业设站，且名称不一，难以形成相对稳定和规范的管理体制。

二、非政府部门层面存在的问题

在论述私人物品类农业技术供给模式时我们提到，除政府主导的技术供给外，农业企业、农民专业合作社、家庭农场、营利性科研机构在基层农业科技服务体系工作中同样扮演着重要的角色，“一主多元化”农业科技服务体系及供给模式的雏形日渐清晰。同政府农技供给模式相类似，非政府部门在农业技术的供

给环节同样存在不足和缺陷，而造成这些缺陷的原因既有供给主体自身的不足，又有外部环境的不确定性，具体表现为以下几个方面。

一是市场化管理不完善。私人物品类农业技术的商品属性决定了其供给和交易必须通过市场这一途径才能顺利实现，但从目前情况来看，陕西省农资市场秩序较为混乱，一些地区甚至出现无照经营或超过经营范围的现象，对劣质农资产品的打击和防控力度不够，这严重影响了农资产品的质量和安全使用。对于“信用合同”或“购销合同”技术供给模式下的小规模农户而言，这些假冒伪劣产品将直接造成农作物的减产绝产，导致自身农业收益的下降。此外，由于缺乏必要的管制和监控，使得农资产品的价格变动较大，而小规模农户一般对生产风险较为厌恶，这种风险规避心理将影响其技术成果的采纳意愿，进一步加深了农业技术有效需求不足的矛盾。

二是法律法规不健全，政策激励不到位。一方面，部分非政府农业技术供给主体的法律地位仍不明确，特别是家庭农场等新型参与主体的法律认证工作尚处于试验阶段，使得它们在实施技术供给的过程中行为得不到有效约束。另一方面，虽然供给主体以利益最大化为目标从事农业经营活动，但在实际工作中加快了农业技术成果的扩散速度，在提高农民技术施用规模和生产收益等方面发挥了十分重要的作用，因此有必要给予这些供给主体政策上的扶持和鼓励。从目前情况来看，尚无针对农业企业、专业合作社等经营实体的优惠性政策，激励的效果不够明显。

三是多元化供给组织的人才匮乏。纵观陕西省现阶段参与技术供给的机构或组织，人力资源匮乏成为其继续发展和壮大的主要限制因素。从另一角度来看，许多供给主体管理水平不高，日常的生产经营活动极不规范，保障组织运行的规章制度也很不完善，这都是农村区域范围内人力资源缺乏的真实反映。长此下去这些供给主体的经营水平、技术研发和推广水平、开拓市场能力和未来发展后劲都会受到很大影响。

第三章 农户分化背景下陕西省异质类农户技术需求特征比较——基于技术需求模型分析

第一节 农户分化

一、农户分化的内涵

农户分化是指在市场化、工业化和城镇化不断发展的基础上，原来的同质农户逐渐分化，逐步分解成纯农户、一兼户、二兼户和纯非农户的现象。在此背景下，农户内部也由于其受教育水平、技术水平、市场参与能力等存在差异，使他们的家庭资本累积、收入结构与就业结构同样出现了某种质的差别。这种差别在市场化背景下不断循环，导致农户从以高度同质化为特征的传统单一型农业向多元化现代农业转变，并最终分化为不同种类和不同规模的异质群体。部分学者从农户分化形成的角度探究其发生机制，他们认为，农户分化可以从家庭收入结构的变动进行考察，也可以从家庭劳动力从业领域的角度进行分析。

陕西省农民数量众多，人均土地资源相对紧缺，这种土地细碎化特征使得陕西省农户的经营规模与农业发达地区专业化农户的差距逐渐拉大。进一步来看，在传统农业向现代化农业的转型过程中，农户经营规模在其群体内部逐渐呈现出了一定的差异，并完成了从量到质的转化：部分农户在工业化、城镇化的大背景下，通过土地流转集中了相当规模的土地要素，并逐步演化成了专业大户、家庭农场等形式；一些农户联合周围其他农业生产者，利用自身技术、土地、资金等要素优势，成立不同类型的农民专业合作组织；按现代企业制度为标准构建的农业企业集合了大量优质性生产要素，在资金运营、组织运营、人员管理、生产模式选择等方面具备更强的能力和经验。具体而言，农户分化背景下，根据接受农业科技服务途径的不同将农业经营主体分为以下 5 种类型。

1. 小规模农户

农业小规模经营界定的标准是以一家一户的家庭联产承包责任制为基础，使用传统的生产经验或技术手段，采用自给自足为目的的经营方式。它在组织形式上具有较强的血缘性、封闭性等传统特征，在经营方式上具有单一性、自给性、经验性等传统特征。

在现有文献中，对于小规模农户经营规模的划分暂无严格的理论依据，本书根据所选取农户的种植规模，从事农业生产的类别以及经营目的为主要标准，并以调查的农产品主产区样本农户的实际生产经营特点为依据，尽可能合理地对其进行划分。目前国内在有关农户经营规模的问题研究中，对小农户的划分标准主要根据其种植面积，而诸多文献对经营规模大小的划分并无太大差异，一般将 4~6 亩（1 亩≈667m^2。全书同）以下视为小规模，6~10 亩以上视为较大规模。本书结合陕西省现实与调查的情况，首先将种植面积在 7 亩以下的划分为小农户，7 亩以上的再根据其种植类型与经营目的进行分类。

2. 专业种植大户

专业种植户是指以农业中某一产业的专业化生产为主、初步实现一定规模经营的农户。目前，对专业种植大户的规模没有一个严格的规定，且在学术研究中也没有较为明确的界定。部分学者认为，在不同地区的专业大户存在着很大的差异，也就是说专业大户具有相对性和区域性等特征。因此，对专业大户进行界定时不能一概而论，必须根据当地农户的经营规模与目的，以及当地农业的发展水平来具体分析。一般来说，专业大户与小规模农户的区分应以其专业性、生产规模、经营目标、产值、收益等为主要划分标准，具体来讲，专业大户首先属于家庭经营性质的，应该以户为单位。其次，专业大户必须具有突出专业，例如，专业种植大户应以种植为主要生产模式，且种植的产值应占家庭总收入的百分之六七十以上。再次，专业大户得具有一定的经营规模，至少大于当地的平均耕地面积。农产品的产量也要高于当地的平均水平。然后，专业大户的经营目标不能局限于自给自足，应以规模性销售为目的。最后，专业大户较小规模农户而言，高产值和高收益也是一个重要的考量标准，且在生产过程中，专业大户对新型农业科技成果的需求也更为强烈。

陕西省地少人多与耕地资源分散是不争的事实，这就决定了陕西省在相当长的一段时间内农业的主体是这种专业性强的，适度规模经营的高效生产大户，而不是大型农场。因此，专业大户在农业生产的整个过程中有着不容忽视的地位。

3. 家庭农场

家庭农场是一种适应现代化农业发展要求的经营组织形式，其含义可以表述为通过整合家庭成员资金、劳动力、土地等生产要素，从事以商品化、集约化和规模化为特征的农业生产经营活动，农业收入占家庭收入比重较大的新型农业经营主体。家庭农场是一个欧美舶来词，美国农业部对家庭农场的界定提出了 4 项参考标准：一是拥有充足的资金和收入来支付农场经营过程中产生的各项费用，实现农场资金的保值增值。二是具备一定劳动力及各类相关人才，可以在农忙时节大量雇用季节性劳动力，以确保农场的顺利经营。三是农场的劳动力主要源于家庭内部。四是家庭农场能够从事相当规模的农业生产活动，而且其经营能力被全社会所认可。

首次提及“家庭农场”这一概念是在 2008 年中国共产党第十七届中央委员会第三次会议文件《中共中央关于推进农村改革发展若干重大问题的决定》中，随着 2013 年中央一号文件的出台，家庭农场便成为学术界热衷讨论的话题之一。由于出现的时间较短，全社会对家庭农场尚未形成统一的认识，尤其是家庭农场的资质认证和成立条件缺乏明确标准，这导致不同区域范围内对家庭农场的界定标准各有不同。

从长远来看，家庭农场这一新型农业经营主体在成本节约、抵御风险、土地利用等方面的优势十分明显。具体而言，家庭农场整合并采用先进的农业技术成果，如良种、农机作业等，有效提高了单位面积农作物产量，最大程度上节省了农业生产成本；大部分家庭农场参加了农业保险，并就投保标的和金额数量做出了明确规定，有利于化解自然风险和市场风险对生产收益造成的损害；家庭农场的形成基础是大规模土地资源的集聚，农场主利用土地流转政策，通过租赁等方式获取土地，使闲置的土地要素得到了有效的利用和保护。

4. 参加农业专业合作社的农户

对农民专业合作社的定义可以从两个维度进行阐述：从概念界定的角度来看，农民专业合作社基于家联制，由同一种类型农产品生产者或服务供给方、需求方等主体构成，以民主管理、互助经营、自愿联合为特征的经济组织。若从服务对象的角度来看，农民专业合作社可以表述成以合作社内部参与成员为服务对象，向其提供农业生产产前、产中和产后的各类技术成果和信息服务的经济组织。

小规模农户参与专业合作社的动机主要表现为两个方面，一是扩展组织与生产边界，将农产品市场交易转变为内部交易，最终减低交易成本，二是通过生产经营环节将产生的利润剩余保留在合作社内部，增强了自身的积累和发展潜力。合作社自愿、互助、平等的构建原则为小规模农户的成长提供了相对宽松的内部环境，在参与合作社生产、加工和销售等集体活动的同时，保持了很大程度上的独立性和自主性，尤其是在分配阶段，将各参与主体视为一个独立的单位，按照与合作社发生业务往来的交易量进行利润分配，有效增加了其农业生产收益。从技术选择和采纳意愿来看，参与农业专业合作社农户所使用的技术成果一般由合作社内部供应，尤其是产中、产后技术的供给力度较大，而对产前物化类农业技术的指导作用有限，这也为农户自主选择和采纳技术留有一定权利。

5. 与农业企业签订订单合同的农户

订单农业也被称为契约农业或合同农业，是指农户与农产品购买者之间签订一份销售合同，并依据合同规定从事农产品生产的经营模式。由企业和小规模农户参与的订单农业包含两种基本形式，即农户与农业产业化龙头企业或加工企业签订农产品购销合同，依托龙头企业或加工企业发展订单农业；农户与科研、种子生产单位签订合同，依托科研技术服务部门或种子企业发展订单农业。但不管哪种形式，对于订单中规定的农产品收购数量、质量和最低保护价，使双方享有相应的权利、义务和约束力，不能单方面毁约。

二、农户分化的成因

农户分化是在特殊历史背景下通过社会的发展与制度的变迁逐渐演化形成的，推动农户分化的动力是非农产业的发展。改革开放以来，随着市场经济的不断发展，城乡二三产业随之不断发展，由于其发展吸收大量的农村劳动力，从而促使农村劳动力大规模转移，长此以往，就导致了农户兼业现象和分化现象的产生。可以认为，城乡非农化程度越高，农户分化的速度就越快。一般来说，导致农户分化的原因还包括以下几个方面。

一是农村改革。20 世纪 70 年代出现的家庭联产承包责任制成为农村市场化运行的前提和基础，也同样为农户分化局面的形成提供了条件。在这轮改革过程中，农户被充分赋予自由化的生产经营权和要素选择决策权，基于农户行为理论的角度分析，这些权利的获取使得广大农户果断放弃了集体经营这一低效率的运作方式，转而将精力放到探寻具有更高效率的生产要素上，以期提升单位面积的产出水平，增加农业生产收益。

二是农村要素市场的逐步建立和完善。在农业生产要素市场尚未建立之前，农户拥有的劳动力资源只能同区域范围内的土地进行结合，再加上陕西省土地资源稀缺和农作物生长规律的制约使得农业收益和产出水平难以有效提高。随着农村要素市场的不断发展和完善，农户的生产行为和经营方式开始发生变化，具体而言，劳动力要素市场的形成使大规模劳力转移出第一产业成为可能，而土地要素市场的完善，尤其是土地流转制度的建立为专业大户、家庭农场或农业企业等新型农业经营主体提供了充分的成长和发展空间，一些年轻且非农就业能力较强的农户将土地转租给其他经营主体，而土地资源向专业群体的集中过程又引发了合作行为的出现。

三是城镇化与工业化的快速推进。城镇化的不断发展吸纳了大量的农业劳动力进入非农领域，农村劳动力部分或完全从事非农生产；工业化对农业劳动力的吸纳功能除表现在城镇化进程外，还表现在农村地区的工业产业发展，虽然这些农户的土地资源仍归自己所有，但大规模的转租和承包行为成为一种常态。

第二节　异质类农户技术需求特征比较

本部分在前面论述的基础上，探究异质类农户对农业技术内容、技术来源、技术供给的主体、技术需求反馈方式、技术推广服务方式以及农产品销售等方面表现出的需求差异。通过对比，归纳出异质类农户的技术需求特征，从而为优化农技推广机制提供决策参考。

在农业生产体系中，农户是最基本的生产经营单位，其经营行为直接影响着粮食供给与安全。如何把握不同农户的行为的特征，并制定相应的政策法规，对陕西省农业经济稳定，快速的发展具有重要的现实意义。从异质类农户的角度出发，对农技推广过程中有关技术需求问题进行了详细阐述。所用数据来源于对陕西省西安市高陵区、临潼区、杨凌区、蓝田县及周至县的实地调研，调研采用实地访谈与问卷调查相结合的方式，共发放问卷600份，剔除部分不合格问卷，有效样本达534户，有效问卷率为89%。下面就异质类农户在技术内容、来源、供给主体、反馈方式等方面表现出的差异分别予以阐述。

一、异质类农户对农业技术类型需求特征比较

为进一步完善农业科技服务体系，加强农业技术推广力度，加快农业新型科研成果和实用技术的转化率，必须提高异质类农户对不同技术需求的认知程度，从而更好地推广并应用农业科技成果。

对农业技术内容的分类将遵循2012年8月31日第十一届全国人大常委会第28次会议通过的《关于修改〈中华人民共和国农业技术推广法〉的决定》修正，即分为“良种及其繁育、栽培技术”“肥料及其施用技术”“植物病虫害和其他有害生物防治技术”“农产品收获、加工、包装、贮藏、运输技术”“农业投入品安全使用、农产品质量安全技术”“农田水利、农村供排水、土壤改良与水土保持技术”“农业机械化、农用航空、农业气象和农业信息技术”“农业防灾减灾、农业资源与农业生态安全和农村能源开发利用技术”。为深入阐明5种类型农业经营主体技术内容的需求差异，本书从使用主体和技术类型两个维度进行

说明。

（一）异质类农户的技术采纳意愿

由于对各类农户采用上述8项农业技术的意愿不做数量上的限制，因此，可以更加客观、完整地了解他们对于不同技术内容的需求情况。通过数据处理，得出以下结论。

1. 小规模农户

从表3-1中可以看出，小规模农户对良种及其繁育、栽培，肥料及其施用，植物病虫害和其他有害生物防治技术的需求采纳意愿较为明显。通过走访调查我们获知，就小规模农户而言，他们在农业生产活动过程中，使用农业技术的领域不外乎种子、化肥、农药等简单的实用技术。而对于农产品收获、加工、包装、贮藏、运输，农业投入品安全使用、农产品质量安全，农田水利、农村供排水、土壤改良与水土保持，农业机械化、农用航空、农业气象和农业信息，农业防灾减灾、农业资源与农业生态安全和农村能源开发利用等较先进的农业技术不太感兴趣，很少有农户对这些技术有强烈的需求，因为他们觉得这些技术与他们的农业生产过程中所需要的技术相差甚远，有些较为偏远的农户甚至不知道农业投入品安全使用、农产品质量安全，农用航空、农业气象和农业信息，农业资源与农业生态安全和农村能源开发利用等技术的内容与用途。因此，可以看出，小规模农户对新型农业技术的使用意愿还是主要集中在良种及其繁育、栽培，肥料及其施用，植物病虫害和其他有害生物防治等农业生产中最基本的技术上。对于更先进或机械化的农业科技成果，小规模农户由于认知和未知风险等因素，对这类技术暂无明显使用意愿。

表3-1　小规模农户技术采纳意愿

技术类型	良种及其繁育、栽培技术	肥料及其施用技术	植物病虫害防治技术	农产品收获、加工、运输技术	农业投入品安全使用技术	农田水利技术	农业机械化、农业信息技术	农业防灾减灾、农村能源开发利用技术
需求数量	147	163	156	41	20	59	17	34
需求比重	68.1%	75.6%	72.2%	19%	9.3%	27.3%	7.9%	15.7%

2. 专业种植大户

从表 3-2 可知，专业种植大户对良种及其繁育、栽培，肥料及其施用，植物病虫害和其他有害生物防治技术同样是比较重视，也是比较需要的，但与小规模农户不同的是，专业种植大户对于农产品收获、加工、包装、贮藏、运输与农业机械化、农用航空、农业气象和农业信息技术也是非常看重的。据了解，专业种植大户在农业生产活动过程中，在意的不只是种子、化肥、农药等简单的实用技术，且对于农业机械化生产与农产品的包装、运输也相当关注。因为对他们来说，农业生产不只是为了填饱肚子，更重要的是进行规模生产并依靠农产品盈利，因此他们对农业新型科技成果的需求不仅仅集中在农业生产过程中，而是延伸到了产后的农产品加工及销售。调研数据中显示，专业种植大户对于农业投入品安全使用、农产品质量安全，农田水利、农村供排水、土壤改良与水土保持，农业防灾减灾、农业资源与农业生态安全和农村能源开发利用等技术的使用，虽然较小规模农户而言有一定的提高，但依然不是他们农业生产中所关注的重点，大多数大户对这些技术虽有但并没有强烈的需求意愿，他们觉得这些技术对他们的农业生产并无太大的作用与影响。综上所述，可以看出，专业种植大户对新型农业技术的使用意愿还是主要集中在良种及其繁育、栽培，肥料及其施用，植物病虫害和其他有害生物防治，农产品收获、加工、包装、贮藏、运输，农业机械化、农用航空、农业气象和农业信息等增收型农业技术上。而对于农产品安全、土壤、水利、农业防灾减灾、农业生态安全、能源开发等较公益的农业技术，由于个人认知与收益等因素，暂无明显采纳意愿。

表 3-2　专业种植大户技术采纳意愿

技术类型	良种及其繁育、栽培技术	肥料及其施用技术	植物病虫害防治技术	农产品收获、加工、运输技术	农业投入品安全使用技术	农田水利技术	农业机械化、农业信息技术	农业防灾减灾、农村能源开发利用技术
需求数量	93	98	89	51	56	34	53	22
需求比重	83%	87. 5%	79. 5%	45. 5%	50. %	30. 4%	47. 3%	19. 6%

3. 注册家庭农场的农户

表3-3显示，对较小规模农户与专业种植大户而言，注册家庭农场的农户对农业技术的需求意愿更高，也更加强烈。他们不仅对农业生产过程中的种子、化肥、农药等基本的实用技术非常重视，而且对大型机械设备也感兴趣，进而在农业生产产后阶段，注册家庭农场的农户对农产品的加工、包装、运输与农产品质量安全等方面的关心都远远高于小规模农户与专业种植大户，不止如此，注册家庭农场的农户较普通农户来讲更有远见，他们对农业的防灾减灾、能源的开发与农业资源的可持续发展都有一定的见解与需求，大部分这类农户愿意牺牲自己的短期利益来保障其产业长久的发展，也愿意为公益性的农技推广事业投入更多的资金与精力。通过大量的走访调查，发现家庭农场的水利建设、土壤改良与水土保持技术已经比较完善，至少能满足其目前的生产需要，因此大多数农户对这类技术的需求意愿不是十分强烈。对拥有家庭农场的农户来说，农业生产已经不仅是为了满足其自身的需求，而是为了进行大规模生产并从中盈利，因此他们对农业新型科技成果的需求贯穿产前、产中、产后且较为迫切。综上所述，可以看出，注册家庭农场的农户对新型农业技术的使用意愿是比较强烈的，他们除了对农田水利、农村供排水、土壤改良与水土保持技术的使用率不高以外，对良种及其繁育、栽培，肥料及其施用，植物病虫害和其他有害生物防治，农产品收获、加工、包装、贮藏、运输，农业投入品安全使用、农产品质量安全，农业机械化、农用航空、农业气象和农业信息，农业防灾减灾、农业资源与农业生态安全和农村能源开发利用等农业技术的使用率都远远高于小规模农户与专业种植大户。拥有家庭农场的农户更有能力去购买新型技术且更愿意通过购买先进的农业技术来保障并促进其农业生产。

表3-3　注册家庭农场农户的技术采纳意愿

技术类型	良种及其繁育、栽培技术	肥料及其施用技术	植物病虫害防治技术	农产品收获、加工、运输技术	农业投入品安全使用技术	农田水利技术	农业机械化、农业信息技术	农业防灾减灾、农村能源开发利用技术
需求数量	126	119	109	99	85	61	121	89
需求比重	83.4%	78.8%	72.2%	65.6%	56.3%	40.4%	80.1%	60%

4. 参加农业专业合作社的农户

目前，农业专业合作社的生产经营方式主要有两种，一种是农户在加入专业合作社以后，由合作社的负责人带领大家共同进行农业劳动生产与经营活动，农产品出售后，收入按土地比例或各家的粮食产量对所有农户进行分配。在这一过程中，农户是合作社的成员，也是参与者。另一种是农户在加入专业合作社以后，将其土地承包给合作社的负责人，也就是合作社的社长，由他统一负责生产经营和管理活动，这种合作社经营模式又分为两类：一是社长通过与村委会达成协议租赁农户家的土地进行农业生产经营，并按照土地的亩数给农户一定的租金（600~1200元/亩）；二是所有土地由合作社社长统一负责生产经营，并在农产品出售以后将所有利润按照参加合作社农户的土地比例进行分红。在此过程中，农户可以不参与合作社的生产经营与管理，只拿自己土地的租金或分红，也可以参与合作社的生产经营与管理，并以此得到其相应的报酬，也就是工资。从参加了农业专业合作社的农户选择技术的百分比来看，他们对种子、化肥、农药等农业技术的需求略低于其他农户，原因在于，一般参加了专业合作社的农户都非常信任他们的社长或懂得相关技术的专业负责人员。因此除了专业合作社的社长或技术负责人等少数人员需要选择相应的技术以外，其他农户的种子、化肥、农药等基本生产技术都是由合作社统一供给，再由合作社的社长负责统一生产与销售，在此过程中，合作社中所需种子、化肥、农药的选择权只在于社长或者合作社负责人等少数人手中，这就使参与合作社的农户虽然对先进的，可提高产量与质量的新品种、新化肥、新农药心中有一些使用的意愿，但是真正会选择使用的比例却略低于其他农户。在调查中发现，专业合作社中所用的农业技术较为先进，甚至很多合作社会从国外引进目前世界上最前沿的技术来投入农业生产过程中。一般来讲，参加了专业合作社的农户生产出来的农产品不需要自己去市场进行销售，而是有固定的企业、机构，甚至国家粮库上门收购，因此，对于这类农户而言，农产品的加工、包装、储存于质量安全就显得尤为重要，而我们调研的数据也证实了这一点，从各类农户对不同技术的需求比例中我们可以看出，参加了专业合作社的农户对农产品收获、加工、包装、贮藏、运输技术，农业投入品安全使用、农产品质量安全技术的需求意愿明显高于其他农户。由于合作社的土地占有面积都比较大，所以它在各类农户中对农田水利，土壤改良与水土保持技术需求是最高的，对机械化的需求也是最强烈的，甚至在很多大型专业合作社中，联合收割机收割与飞机播种、喷药都已经比较普遍了。对于专业合作社来讲，农业防灾减灾、农业生态安全与农业能源可持续开发利用都是比较重要的，所以多半参加合作社的农户会选择使用此类技术。综上所述，可以看出，参加了专业合作社的农户对新型农业技术的使用意愿除了良种及其繁育、栽培，肥料及其施用，植物病虫害和其他有害生物防治等合作社统一使用的技术略低于小规模农户、专业种植大户，注册了家庭农场的农户以外，对于农产品收获、加工、包装、贮藏、运输，农业投入品安全使用、农产品质量安全，农田水利、农村供排水、土壤改良与水土保持，农业机械化、农用航空、农业气象和农业信息，农业防灾减灾、农业资源与农业生态安全和农村能源开发利用等技术的需求意愿都高于其他农户。参加了合作社的农户会更注重农产品的质量安全与产后加工，也更愿意在这类技术上投入从而提高农产品的质量与销售价格（表3-4）。

表3-4 参加农业专业合作社农户的技术采纳意愿

技术类型	良种及其繁育、栽培技术	肥料及其施用技术	植物病虫害防治技术	农产品收获、加工、运输技术	农业投入品安全使用技术	农田水利技术	农业机械化、农业信息技术	农业防灾减灾、农村能源开发利用技术
需求数量	119	111	143	149	153	95	153	101
需求比重	61.7%	57.5%	74.1%	77.2%	73.4%	49.2%	79.2%	52.3%

5. 与农业企业签订订单合同的农户

随着陕西省市场经济的不断发展与完善，农业企业也逐步产生并迅速发展。在诸多涉农企业中，不乏农户自己生产、销售并逐渐形成的企业，他们通常拥有自己的种植基地，但也有部分涉农企业依靠收购农户的农产品进行加工、再生产以及销售来运作的，这种农户与企业合作的组织形式叫订单农业，也叫合同农业或契约农业，具体是指通过订购合同或协议等来收购农产品的新型农业生产经营模式。签约的一方为企业法人或中介组织，包括经纪人和运销户，另一方为农民或农民群体代表。由于本书需要研究的是从事种植业的不同类型的农户对农业技术的需求情况，我们的落脚点应该落在农户上，所以在研究农业企业的需求特征时，将与农业企业签订订单合同的农户作为研究对象。通过走访，了解到很多企业其实并没有自己的种植基地，而是和农户签订协议收购农产品，这些企业一般都会给农户提供统一的种子、化肥与农药，由农户自己进行农业生产，等农作物收获以后，再按照与农户事先签订的协议对达标的农产品进行回收并再加工、包装后进行出售。所以和农业专业合作社一样，与农业企业签订订单合同的农户没有对良种、化肥、农药的选择权，只能被动地接受企业所提供的这类新兴农业技术，而且这些农户如果没有按照企业要求进行种植过程中的正确操作，产出的农产品极有可能因为质量不合格被企业拒收，这就迫使他们必须按照企业的规定进行农业生产活动，才能保证与企业交易的完成。这就是为什么与农业企业签订订单合同的农户对良种及其栽培，肥料及其施用，有害生物防治等技术需求意愿最低的原因。与此同时，由于企业对农产品的外观与质量的严格要求，致使与农业企业签订订单合同的农户对于产品的加工、包装、储存保险与质量安全等技术的使用意愿非常强烈，因为这类技术可以直接影响农产品的回收与农户的收益。随着农村经济的不断发展，农业机械化的程度越来越高，农户对农业信息传递的要求也越来越高，这就使农户对于农业机械的使用与农技信息的学习意愿越来越强烈，从数据中可以看出，70.9%与农业企业签订订单合同的农户对新型的农业机械化操作与农业气象、信息感兴趣，且一半以上的这类农户对农业防灾减灾、农业资源与生态安全和农村能源开发利用技术比较重视。综上所述，我们可以看出，与农业企业签订订单合同的农户由于受企业协议或合同的限制，除了对良种及其繁育、栽培，肥料及其施用，植物病虫害和其他有害生物防治等企业指定的基础实用性技术以及农田水利、农村供排水、土壤改良与水土保持技术需求意愿较低以外，对于农产品收获、加工、包装、贮藏、运输，农业投入品安全使用、农产品质量安全，农业机械化、农用航空、农业气象和农业信息，农业防灾减灾、农业资源与农业生态安全和农村能源开发利用等技术的需求意愿都较为强烈。尤其是在农产品质量方面，与农业企业签订订单合同的农户比其他农户都要重视，因为他们产出的农产品质量直接决定了其产品的销售与价格，也决定了企业是否会与他们继续签订订单或合同（表3-5）。

表 3-5　与农业企业签订订单合同农户的技术采纳意愿

技术类型	良种及其繁育、栽培技术	肥料及其施用技术	植物病虫害防治技术	农产品收获、加工、运输技术	农业投入品安全使用技术	农田水利技术	农业机械化、农业信息技术	农业防灾减灾、农村能源开发利用技术
需求数量	89	81	87	139	143	71	130	100
需求比重	48.4%	44%	47.2%	75.5%	77.7%	38.6%	70.7%	54.3%

（二）异质类农户对同一技术选择意愿的比较

通过前面数据的比较分析，对不同类型农户的技术需求意愿已经有了一定的了解，但为了更深入地辨识小规模农户、专业种植大户、注册家庭农场的农户、参加农业专业合作社的农户和与农业企业签订订单合同的农户对不同农业技术的需求差异，我们将从农业技术层面出发，分析比较各类农户对不同技术需求程度的差异性特征。

需要说明的是，由于异质类农户的调研个数存在差异，因此本书以百分数为基础，对相关数据进行归一化处理。

1. 良种及其繁育、栽培技术

良种及其繁育、栽培技术是最基本的农业实用技术之一，它是农业生产的根本，也是农民从事农业活动的基础。通过对所调查各类农户的需求意愿数据处理得出，选择第一种技术的小规模农户、专业种植大户、注册家庭农场的农户、参与专业合作社农户、与农业企业签订订单合同的农户分别占总数的 20.5%、22.9%、23.9%、17.1%和 15.6%。进一步来看，对于良种及其繁育与栽培的这类物化性基础农业技术，小规模农户、专业种植大户和注册家庭农场的农户的需求意愿比较强烈。因为在整个农业生产过程中，他们有选择种子及其相关技术的权利，更优质的种子可以给他们带来更多的收益与利润。就一般情况而言，种子是最根本的农业技术，一切农业生产都建立在它之上，因此大部分农户对良种技术的需求程度还是较高的，但为什么参加农业专业合作社的农户和与农业企业签订订单合同的农户对种子的需求程度明显低于其他 3 类农户，原因在于农业专业合作社与涉农企业的技术使用决策权只是在少数的管理者或专业技术人员手中，如社长，董事长等，虽然农民专业合作社具有民主性，但一般参加合作社的成员都比较信赖社长或者相关负责人，所以在参加农业专业合作社和与农业企业签订合同的农户中，大部分农户愿意或只能按照上层的决定来进行一系列的农业生产活动，即便他们对很多新型的优良品种依然有着较强烈使用的愿望，但却很难落实到实际行动中。

2. 肥料及其施用技术

肥料作为农作物正常生长发育过程中不可缺少的物化性农业技术，其主要功能在于提供植物必需的营养元素，改善土质、提高土壤肥沃水平，是农业生产的物质基础之一。在农作物生长过程中，缺少任何一种作物所需的微量元素，都会导致作物的产量降低，进而使其品质下降，因此，肥料及其施用技术是农业生产活动中非常重要的一项技术。通过数据处理得出，选择第二种技术的小规模农户、专业种植大户、注册家庭农场的农户、参与专业合作社农户、与农业企业签订订单合同的农户分别占总数的 22. 5%、24. 7%、23. 8%、16. 5%及 12. 5%。以上结果表明，对于化肥这类物化性基础农业技术还是小规模农户、专业种植大户和注册了家庭农场的农户比较重视，而参加农业专业合作社的农户和与农业企业签订订单合同的农户对此类技术的需求意愿却相对较低，其原因与各类农户选择良种及其繁育、栽培技术的原因基本一致。

3. 植物病虫害和其他有害生物防治技术

植物病虫害防治技术一般可以分为 4 类：包括粮食作物病虫害防治技术、蔬菜病虫害防治技术、经济作物病虫害防治技术、果树病虫害防治技术。它是从农业生态体系总体出发，根据环境与有害生物之间的关系，在充分发挥自然控制因素作用的前提下，协调运用必要的措施，将有害生物控制在经济允许受损的水平之下，从而获得最佳的生态、经济与社会效益。数据处理得出，选择这一技术的小规模农户、专业种植大户、注册家庭农场的农户、参与专业合作社农户、与农业企业签订订单合同的农户分别占总数的 20. 7%、22. 9%、21. 8%、21. 1%和 14%。可以看出，对于植物病虫害和其他有害生物防治技术，小规模农户、专业种植大户、注册家庭农场的农户与参加农业专业合作社的农户都是比较需要的，只有与农业企业签订订单合同的农户由于受企业要求或规定的限制对此类技术的需求相对较弱。与良种及其繁育、栽培和肥料及其施用技术两种技术相比，各类农户对农作物病虫害防治技术需求程度的差异主要体现在参加了农业专业合作社的农户，这是因为目前陕西省农业专业合作社正处于发展阶段，其体系没有完全成熟，运行机制也没有彻底完善，所以在很多农业专业合作社中，社长或负责人只会在种子，肥料等大方向上给农户一定的指导和建议，而更详细的内容，例如各类农作物的病虫害防治方法等并未做较具体的要求，这就使参加了农业专业合作社的农户对植物病虫害和其他有害生物防治技术的需求意愿比对种子，化肥等技术的需求意愿强烈。

4. 农产品收获、加工、包装、贮藏、运输技术

农产品的加工、贮存和运输技术属于农业生产的产后技术。农产品加工是指以农户生产的农、林、牧、渔等产品及其加工品为原料所进行的生产活动，农产品的贮存是指以农产品收获后的生命活力为基础，以产后贮存、运输、销售过程中的保鲜技术为重点的农产品保鲜处理过程。随着陕西省经济和农业产业的快速发展，农产品加工、贮藏与运输在农业生产中的作用越来越重要，因此农户对这类技术的需求也越来越强烈。数据处理后得出，选择这种技术的小规模农户、专业种植大户、注册家庭农场的农户、参与专业合作社农户、与农业企业签订订单合同的农户分别占总数的 4.9%、16.8%、25.1%、26% 和 27.1%。各类农户对于农产品收获、加工、包装、贮藏、运输技术的需求意愿比例表明，小规模农户对于此类技术的需求程度最低，甚至可以忽略不计。一方面，小规模农户受种植规模与生产水平的限制，其生产的粮食、蔬菜和水果等农产品基本用于满足自身的生理需求，即使有剩余，也不会很多，因此他们不需要农产品的加工、贮存和运输技术。另一方面，由于小规模农户受教育水平、资金和信息等条件的限制，在整个农业生产活动中，小规模农户对新型农业技术的需求主要集中在产前和产中一些基础实用的增产与增收技术上，而对于产后较为先进或耗资量较大的前沿技术，一般无明显需求意愿。通过以上数据我们可以看出，小规模农户、专业种植大户、注册家庭农场的农户、参加农业专业合作社的农户和与农业企业签订订单合同的农户对这项技术的需求意愿比例是递增的，这就说明，规模越大、生产水平越高的农户对农产品的加工、

贮存和运输技术的需求越强烈。除小规模农户以外的各类农户随着种植规模的增加与生产水平的增高，其经营目的远远超出了自给自足的层面，良好的加工、包装、贮存与运输技术可以确保甚至增加农产品的价格，从而提高农户的收入。因此，在规模经营的前提下，农户对于农产品的收获、加工、包装、贮藏和运输技术的需求意愿就会越来越强烈。

5. 农业投入品安全使用、农产品质量安全技术

农业投入品是指在整个农产品生产过程中所使用或添加的物质，包括种苗、种子、化肥、农药、兽药、饲料及其添加剂等农用生产资料产品和农膜、农具、农业机械设施设备等农用工程物资产品。农业投入品的安全直接关系到陕西省农产品的质量安全，因此严格规范农业投入品的使用是十分必要的。农产品的质量安全是指农产品的可靠性、使用性和内在价值，主要包括农产品在生产、贮存、流通与使用过程中形成或产生的营养、危害及其他外在特征因子。其有等级、规格等特性的要求，也有对人与环境的危害等级水平的要求。对数据进行处理得出，选择该技术的小规模农户、专业种植大户、注册家庭农场的农户、参与专业合作社农户、与农业企业签订订单合同的农户分别占总数的 4.1%、18.5%、21.2%、26.9%及 29.3%。从以上数据来看，小规模农户对农业投入品安全使用、农产品质量安全技术的应用采纳意愿不强，笔者在走访过程中，通过了解各类农户对新型农业技术的需求意愿发现小规模农户对农业投入品安全使用、农产品质量安全技术几乎没有了解，甚至很多农户都不知道这项技术的内容与意义。在进行农业生产活动中，大部分小规模农户都是通过跟亲戚（长辈）、朋友或邻居学习来获取和使用一项新技术的，他们的关注点往往都在农产品的增产与增收上，而对于农业投入品与产出产品的安全却很少涉及。反之，农户的经营规模越大、生产水平越高，其对农业投入品与农产品质量安全的要求也就越高。特别是随着近年来陕西省对食品与农产品安全的检测标准越来越严格，促使以规模经营为目的农户，尤其是以大规模经营为目的的合作社与一些涉农企业不得不提高对农业投入品安全使用与农产品质量安全技术的使用率，从而增加了参加农业专业合作社的农户和与农业企业签订订单合同的农户对农业投入品安全使用与农产品质量安全技术的采纳意愿。

6. 农田水利、农村供排水、土壤改良与水土保持技术

国外一般将农田水利称为灌溉与排水，它是通过发展和利用灌溉排水，调节不同地区的水情，改善农田水资源的分部状况，防治旱、涝、盐、碱等灾害，以促进农业稳定、高效生产的综合性科学技术。其主要任务是通过相关工程技术措施对农业水资源进行拦截、存蓄、调控、分配和使用，并结合相应的农业技术措施进行土地改良与增肥，提高土地的利用率，从而达到农业生产持续、稳定和快速发展的目的。土壤改良是指针对土壤中所存在的障碍因素和不良性状，采取相应的物理方法或化学措施，来提高土壤的肥力，改善土壤的性状，以增加农作物的产量，并改善人类生存土壤环境的整个过程。它一般分为保土阶段（通过采取生物或工程技术，使土壤的实际流失量控制在容许流失量的范围内）和改土阶段（增加土壤养分与有机物质的含量，改善土壤性状，提升土壤肥力）。通过数据分析可知，选择这一技术的小规模农户、专业种植大户、注册家庭农场的农户、参与专业合作社农户、与农业企业签订订单合同的农户分别占总数的13.2%、16.9%、20.1%、29.3%和20.5%。进一步来看，各类农户对农田水利、土壤改良与水土保持技术的需求意愿是比较平均的。在农村，土地和水资源是农、林、牧业以及其他农业生产活动的基础，有着十分重要的地位，对于这一点，不同类型的农户有着基本相同的认识，但由于思想观念、资金与生产需求等因素的影响，各类农户使用此技术的采纳意愿也略有不同。

7. 农业机械化、农用航空、农业气象和农业信息技术

农业机械化是指将先进适用的农业机械设备应用于农业，改善农业生产与经营条件，从而提高农业生产技术水平、经济和生态效益的过程。它让农户从使用原始的手工工具、牲畜农具转变为广泛使用现代化机器。在农业部门中最大限度地利用各类机械设备来代替手工工具进行生产，是农业现代化的重要内容和主要标志之一。农用航空最早在20世纪50年代产生于美国，1974年陕西省制造的运-11运输机就属于这种类型，它是指经过改装或专门设计用于农业和林业的飞机。大量的使用各类机械设备是陕西省农业现代化的一个基本特征，它对于最大化地利用农业资源、抵御自然灾害、推广先进（现代）农业技术、推动农业集约经营、增加单产和总产、提高农业生产效率、降低农产品成本，以及减轻农户

劳动强度和减少工农差别，都有着非常重要的作用。在陕西省社会主义条件下，它还是城乡合作、工农结合的重要物质基础。农业生产活动一般是在自然条件下进行的，阳光、温度、气候等环境因素对各类农作物生长的影响是不容忽视的，如果某种光、热、水、气的组合对一项农业生产有利，称为有效的农业自然资源。反之，如果某种光、热、水、气的组合对一项农业生产有害，称它为农业自然灾害。农业气象技术的基本任务就在于了解农业自然资源与农业自然灾害的分布规律，为农业合理规划作物布局、人工调节作物的栽培时间和气候等农业生产活动服务。大力开展农业气象预报服务，为农业生产提供咨询和建议，可以使农户合理的利用气候资源，规避不利的气象因素，采用合适的防范措施，以促进农产品增产并提高经济效益。农业信息技术具体是指在农业生产活动中利用信息技术对农业生产过程、经营过程、管理过程和决策过程中的自然、经济与社会信息进行采集、存储、传递和分析，并为农业生产者、经营者，管理者和研究者提供资料查询、技术咨询、自动调控和辅助决策等多项服务的技术的总称，是陕西省利用现代高新技术改造传统农业的重要途径之一。通过对各类农户需求意愿的数据处理可以发现，选择这种技术的小规模农户、专业种植大户、注册家庭农场的农户、参与专业合作社农户、与农业企业签订订单合同的农户分别占总数的2.2%、17.1%、28.6%、26.9%和25.2%。值得强调的是，小规模农户对农业机械、气象和信息的关注率非常低，甚至可以忽略不计，因为对他们而言，几亩地的劳动量依靠人力，最多依靠畜力就可以顺利完成，而利用机械化进行小规模生产是完全没有必要的事情，属于大材小用。且靠天吃饭已然成为小规模农户的一种习惯，他们很少，甚至从未想过要通过人工的手段去预防或改变气候以保证农业生产的顺利进行。同时由于小规模农户生活环境与受教育水平的限制，他们对农业信息化的概念也基本没有认识和了解。其余各类农户对这类农业技术的采纳意愿基本会随着种植规模的扩大与生产水平的提高而增加。在此笔者特别说明注册家庭农场的农户对这项技术的需求意愿最为强烈的原因是，陕西省对家庭农场的认定还是较为严格的，能够注册家庭农场的农户一般种植规模较大，投入也较多，而很多加入农业专业合作社和与农业企业签订订单合同的农户则没有种植面积和生产投入的要求，所以，对于这类先进、耗资技术，拥有家庭农场的农户最感兴趣。目前，很多大型家庭农场和农业专业合作社已经开始尝试使用农业航空技术，并取得了较好的成效。

8. 农业防灾减灾、农业资源与农业生态安全和农村能源开发利用技术

农业防灾减灾是指对干旱、台风、洪涝、高温、低温冻害和病虫害等自然环境发生的危害进行防治和减轻的过程。它对陕西省的农民持续增收、粮食安全与社会稳定有着十分重要的意义。农业资源即农业生产活动中自然资源与经济资源的总称。自然资源是指农业生产时需要利用的自然环境要素，如土地、水、气候和生物资源等；经济资源是指直接或间接对农业生产发挥作用的社会经济因素和社会生产成果，包括从事农业劳动人员的数量与质量、农业技术装备（比如通信、运输、教育和卫生等农业基础设施）等。农业生态安全是陕西省农业可持续发展的基础，它是指农业自然资源和生态环境处于一种健康和谐、平衡稳定与不受威胁的状态。在此状态下，农业生态系统将会具有持续的生产能力，防止对环境造成破坏与污染，并能够生产出质量安全的农产品。农村的能源主要包括传统的薪柴、农作物秸秆、粪便、小水电、小窑煤以及新型太阳能、地热能、风能、生物质能、海洋能和核聚变能等可再生能源。随着经济的不断发展，陕西省开始对部分农村地区供应煤、燃料油、电力等商品能源。农村能源的开发与利用对于全面满足农民生产生活中对能源的需求、改善农村环境、增加农民收入、促进农村经济发展和提高农村文明程度等具有非常重要的意义。通过农户对选择此类技术意愿的数据处理可以得出，小规模农户、种植大户、注册家庭农场的农户、参与专业合作社农户、与农业企业签订订单合同的农户分别占总数的 3.9%、8.9%、33.4%、26.5%和 27.3%。进一步来看，小规模农户对农业防灾减灾、农业资源与农业生态安全和农村能源开发利用技术的需求意愿最低，在走访过程中我们发现，很多小规模农户都没有这方面的意识，对于他们来说农业生产依赖自然条件是不可改变的事实，且对于农业生态安全和能源开发利用等先进技术多数小规模农户和专业种植大户则觉得没有必要。注册家庭农场的农户、参加农业专业合作社的农户和与农业企业签订订单合同的农户对这项技术的需求情况及原因基本与第七项技术的相同。

二、异质类农户对农业技术来源需求特征比较

毋庸置疑的是，农业技术对农业生产及农业发展起着十分关键的作用，而如何将先进的农业科技成果应用到实际的农业生产活动中，农业技术的供给与传播途径就显得尤为重要。通过对相关文献的研究与实际情况的调查了解，陕西省目前农业技术供给（传播）途径主要有以下 7 种：分别为技术人员现场指导、广播、电视、网络、人际传媒、农资供应商和向国外学习。

技术人员现场指导是指懂得掌握农业技术的专业人员亲临对农户进行帮助和指导的一个方法。这些专业技术人员既包括政府里的农技推广员，也包括企业中的农业技术指导员。广播是一种较为简单与传统的声音传播工具，它具有传播范围广，速度快，功能多，感染力强等优点，是农民比较常用与喜爱的一种通讯工具。很多农民在农闲时都会通过收听广播来了解并学习一些农业信息和知识。电视是农民获取技术信息最为普遍的一种方法。在陕西省，从央视到各省台，再到各地方台都有一些与农业相关的栏目和频道，其中不乏农业技术宣传与指导的节目，农民可以通过自己的喜好来选择其感兴趣的技术进行了解与应用。网络是一个信息传输、接收、共享的虚拟平台，一般具有即时性、海量性、全球性和互动性等优点。随着陕西省互联网的快速发展，各类信息（包括农业技术信息）的传播速度越来越快，范围也越来越广，因此，越来越多的农民表示愿意并试着开始接触电脑，从而体验网络给其带来的便利。在网上农户可以通过收集任何他们喜欢的新型农业技术来进行学习并使用。亲戚邻居、专业大户、农业合作社或农业企业等人际传媒方式是农村最为传统的技术传播方式之一。近年来，由于市场经济的快速发展，陕西省出现了一大批专业种植大户、家庭农场、农业合作社和涉农企业等异质类农户，并逐渐成为了农民相互学习的对象。农资供应商是农业生产资料的经销商或代理商，他们从公司或其他渠道进来的种子、肥料、农药、农用机械等农用物资不是供自己使用，而是为了再出售并从中赚取差额利润。在整个交易过程中，他们成为企业与农户进行买卖的桥梁。向国外学习是指一种向国外学习并引进先进技术与设备的方法。

（一）小规模农户

如表 3-6 所示，对小规模农户而言，其最希望接受的技术来源，也就是获取

技术的方式是专业技术人员亲临指导，尤其是政府的科技工作人员，因为大部分小农户认为，政府的农技推广人员给其教授的技术往往比较可靠且成本较低。对于小农户来讲，现场教授是最容易让其了解并学会使用新型技术的一种技术传播方式，虽然很多这类农户表示目前专业农业科技服务人员上门来教的情况很少，甚至几乎没有，但他们仍然对科技工作者能在一线为其解决各种农业技术问题抱有很大的期望。通过实地调查我们了解到，对于小农户而言，从农资供应商那买种子、肥料等实物型技术与跟邻居、专业大户、农业合作社、农业企业等观摩学习新型农业技术依然是他们获取技术的主要方式。由于广播和电视在农村的应用越来越普遍，因此部分小农户在农闲时也愿意通过这类手段来了解并使用农业技术。但是对于从网络或向国外学习新型农业技术，大部分小规模农户则觉得与其距离很遥远，因为他们文化程度低，所以他们对通过网络或从国外获取农业技术的方法往往产生一种观望，甚至规避的态度。

表 3-6　小规模农户技术供给的途径选择

技术类型	技术人员现场指导	广播	电视	网络	人际传媒	农资供应商	向国外学习
需求数量	121	19	30	14	29	25	3
需求比重	68.36%	10.73%	16.95%	7.91%	16.38%	14.21%	0.2%

（二）专业种植大户

如表 3-7 所示，与小规模农户情况相似，专业种植大户对农业科技人员（政府）进行现场指导的技术获取方式最感兴趣。专业种植大户较小规模农户而言，随着种植面积的增加与生产水平的提高，他们越来越需要更为专业的农技推广人员亲临进行指导，他们认为，具有专业技术的科技工作者在田间地头对其实施的技术教授是他们了解与学习新农业技术最好的方式。与此同时，近半数专业种植大户倾向于通过与其他专业种植大户、农业专业合作社或农业企业学习先进的新型农业技术。因为专业种植大户对种子、化肥以及农药等物化技术的要求比一般小规模农户更高，所以设立在村中的一些简单、基础的农资供应商已经远远不能满足其对技术的需求，他们更愿意从县市级的农资供应商，甚至直接从企业那里获取较为可靠与先进的实物型技术。对于在广播、电视与网络中了解新型农业技术，部分专业种植大户认为这是他们习惯使用的一种技术学习方式。

表 3-7　专业种植大户技术供给的途径选择

技术类型	技术人员现场指导	广播	电视	网络	人际传媒	农资供应商	向国外学习
需求数量	81	21	20	31	50	16	7
需求比重	77.88%	20.19%	19.23%	29.81%	48.08%	15.38%	6.8%

（三）注册家庭农场的农户

表 3-8 数据处理结果显示，注册家庭农场的农户对技术人员现场指导这种技术供给方式的需求意愿非常强烈。由于家庭农场生产经营的目的往往在于商品化的大规模经营，所以这类农户的种植规模较大，生产水平较高，且农用机械设备也较为繁杂，在如此复杂的农业生产活动过程中，各个环节的失误或差错都有可能导致非常严重的后果，从而影响其收益与未来的发展，因此，大多注册了家庭农场的农户都特别需要有能力的专业技术人员深入田间对其农场进行实地指导并解决一些相关技术问题。在此需要强调的是，注册家庭农场的农户所需要的技术人员往往是企业中的技术人员，主要原因在于这类农户购买新型技术基本不会受到资金的限制，且他们需要的农业技术比较先进，而政府技术推广人员所提供的技术已经无法满足其对新技术的需求。在走访过程中我们了解到，很多注册家庭农场的农户都是农业合作社的成员，甚至是负责人，因此通过合作社与农业企业学习先进农业技术也算是一种他们常用的获取新型技术的方式。由于注册家庭农场的农户一般受教育水平较高，学习接受能力也较强，所以与前两类农户相比，愿意通过网络学习并使用先进农业技术的农场主比例有一定提高。与此同时，通过向国外学习新农业技术的方式，注册了家庭农场的农户较小农户与专业种植大户而言，有了很大的突破。

表 3-8 注册家庭农场农户技术供给的途径选择

技术类型	技术人员现场指导	广播	电视	网络	人际传媒	农资供应商	向国外学习
需求数量	96	10	18	29	62	22	42
需求比重	76.80%	8.00%	14.40%	23.20%	49.60%	17.60%	34.20%

(四) 参加农业专业合作社的农户

通过调查了解我们发现，参加农业专业合作社的农户所使用的传统物化技术（包括良种、肥料、农药等）与新兴农业技术（包括农业投入品安全使用、农产品加工包装、农田水利、土壤改良、农业机械化、农业气象、农业防灾减灾、农业生态安全和农村能源等），基本都依靠合作社内部的供给，而以上数据也充分证实了这一点。虽然参加农业专业合作社的农户所使用的农业技术大都从合作社内部获得，但是由于参加合作社的农户较多，而懂得农业技术的专业人员相对较少，所以对于这类农户在生产过程中一些更为具体详细的技术需求，专业合作社则无法实现面面俱到，这就使参加了合作社的农户对通过技术人员上门指导来学习技术的方式也非常感兴趣。与此同时，一少部分受教育水平较高、学习能力较强的此类农户表示愿意通过网络学习来解决其在农业生产活动中遇到的相关技术问题。需要强调的是，陕西省逐渐出现了很多大规模、高水平和高投入的专业合作社，他们与国外很多农业机构的技术交流都是比较广泛和深入的，因此，很多参加专业合作社的农户都愿意学习，甚至已经开始使用从国外传来的新型农业技术。而对于通过广播与农资供应商等途径来获取农业技术的方式，参加专业合作社的农户则呈现出了很弱的需求意愿（表 3-9）。

表 3-9 参加农业专业合作社农户技术供给的途径选择

技术类型	技术人员现场指导	广播	电视	网络	人际传媒	农资供应商	向国外学习
需求数量	109	14	41	66	164	26	40
需求比重	52.15%	6.70%	19.62%	31.58%	78.47%	12.44%	19.40%

（五）与农业企业签订订单合同的农户

从上述结果中我们可以看出，绝大部分与农业企业签订订单合同的农户所使用的农业技术都来源于企业。一般来讲，企业对农产品的外观、质量等方面都有着比较严格的标准。农户在与企业签订销售契约后都必须按照企业的要求和规定来生产各类农产品，这就使与农业企业签订订单合同的农户在生产过程中需要用到的良种、肥料、农药等实物型技术及其使用方法也必须通过企业来获取。与合作社相同的是，农业企业无法对所有与其签订合约的农户进行详细的帮助与指导，所以致使此类农户对企业农业科技服务人员亲临教学或解决生产经营中的相关问题也抱有很大的希望。由于陕西省部分农业企业与外国企业有着较为紧密的合作关系，这就十分有利于与这些农业企业签订合约的农户从国外学习先进的科学技术。以上数据显示，由于受到企业要求与规定等方面的限制，与农业企业签订订单合同的农户对从广播、电视和网络中获取先进农业技术的方法并不感兴趣，且由于这类农户大部分的物化技术与非物化技术都由与之签订合约的企业直接提供，所以他们对于从农资供应商那里获取所需技术的方式也不太认可（表 3-10）。

表 3-10　与农业企业签订订单合同农户技术供给的途径选择

技术类型	技术人员现场指导	广播	电视	网络	人际传媒	农资供应商	向国外学习
需求数量	104	15	16	23	152	11	38
需求比重	58.76%	8.47%	9.03%	12.99%	85.88%	6.21%	21.2%

三、异质类农户对农业技术供应主体需求特征比较

农业技术供给主体是指为农户提供农业技术服务的各类机构。它主要包括以下几种类型：一是政府。以政府为主导的农业技术供给模式主要是指陕西省专门从事农业科技服务的工作人员进行农业技术传播与推广的方式。这种农技服务与推广方式具有体制健全，结构完善，便于管理，技术推广速度快、效率高与覆盖

面广等特点。目前，陕西省政府系统的农业科技服务在整个技术服务体系中仍处于主导地位。二是教育、科研单位。农业教育与科研单位是一支重要的农业技术供给队伍。它在整个农业技术推广过程中起着不容忽视的作用。科研单位常常能以其自身科教的优势或科研成果为依托，将学科研究和地方特色、主导产业有机地结合起来。三是涉农企业。以企业为主导的农技供给模式主要是指将企业当作农业技术推广的主体，由专家提供新型科技成果与技术指导，再由企业根据具体的市场需求情况，通过销售或合约等形式向农户推广新型农业技术的方式。四是农民专业合作社。农民专业合作社是在农村家庭承包经营的基础上，农民们自愿结合、民主管理的一种互助性经济组织。在合作社中，不乏专业技术人员以及具有专业化生产特征的农户，他们的主要作用就在于对技术的传播与推广。可以说，大部分农民专业合作组织是为技术传播而成立的，它在农业技术扩散与推广过程中有着非常重要的影响。五是农资供应商。农资供应商目前是小规模农户获取实物型农业技术的主要经销商，其广泛存在于农村，是陕西省农业技术供给中最基层，却又十分重要的一种供给主体。下面就异质类农户的供给主体选择分别予以论述：

（一）小规模农户

从表3-11中可以看出，小规模农户最希望接受政府所提供的农业技术，其原因主要是他们认为这些技术（包括实物型技术与非实物型技术）不仅有政府的优惠或补贴，而且实用可靠，不会出现假冒伪劣产品，绝大部分小规模农户表示如果政府人员来进行推广某项新型农业技术，他们非常愿意了解并学习使用；随着农民专业合作社的发展与完善，农村许多合作社都拥有了自己的示范基地，且合作社中很多具有专业技术的人才也都成为了小规模农户心中的模范带头人，通过了解和观摩合作社的生产、经营和管理，近七成的小农户表示愿意，甚至希望能和这些专业技术人员进行交流与学习；除偏远或落后地区外，大部分农户开始使用杂交种子及生物（有机）肥料，所以留种或利用粪便当肥料的情况并不多见。因此，农资供应商成为小规模农户们获取农业技术（包括良种，肥料与农药及其如何使用等技术）的主要供给主体，而小农户们也已然习惯并希望在农资供应商所售产品可靠的前提下延续这种供给方式。对于教育、科研单位与企业这两种农业技术供给主体，小规模农户由于受教育水平，接受能力与资金等因素的限制，对其认可程度不高。

表 3-11　小规模农户的技术供给主体选择

技术类型	政府	教育、科研单位	涉农企业	农民专业合作社	农资供应商
需求数量	162	56	39	143	118
需求比重	75%	25.9%	18%	66.2%	54.6%

（二）专业种植大户

专业种植大户和小规模农户一样，最希望从政府相关部门获得新型的农业技术，与此同时，他们对农民专业合作社和农资供应商两种农技供给主体的态度与小规模农户基本一致。但对于教育、科研单位与企业所提供的农业技术，专业大户有着较小规模农户更为强烈的需求意愿。据了解，专业种植大户对农技供给的主体并没有特别的要求与限制，只要能向其提供易学易用、增产增收的先进农业技术，他们都非常乐意接受（表 3-12）。

表 3-12　专业种植大户的技术供给主体选择

技术类型	政府	教育、科研单位	涉农企业	农民专业合作社	农资供应商
需求数量	92	49	43	65	61
需求比重	82.1%	43.8%	38.4%	58%	54.4%

（三）注册家庭农场的农户

在注册家庭农场的农户中，希望接受政府为供给主体提供技术的占其总量的50.9%，希望接受教育、科研单位为技术供给主体提供技术的占其总量的74.1%，希望接受涉农企业为技术供给主体提供技术的占其总量的 69.8%，希望接受农民专业合作社为技术供给主体提供技术的占其总量的 33.9%，希望接受第 5 种农业农资供应商为技术供给主体提供技术的占其总量的 13.4%。结果表明，大部分注册家庭农场的农户对教育、科研单位和企业所提供的新型农业技术最感兴趣。在调研过程中我们发现，随着很多这类农户在专业技能、受教育水平及学习能力等方面的提高，他们会逐渐对教育科研机构产生一种崇敬与信任的心理，他们认为教育科研单位里的高层次人才给其提供的农业技术一定是非常先进且有用的。与此同时，拥有家庭农场的农户在资金方面一般不会受限，所以对于一些具有先进技术的农技供给企业，他们也表示愿意接受与学习。对于政府提供的农业技术帮助或扶持，注册家庭农场的农户虽然有着强烈的需求意愿，但由于政府农技推广部门技术推广的目的往往在于大面积推广从而保障粮食安全、稳定民生，所以提供的农业技术科技含量较低，使很多此类农户持观望态度。农民专业合作社是农户们自发交流农业技术的一个平台，是他们互帮互助的一种组织，对于这种技术提供主体，部分注册家庭农场的农户还是比较认可的。而对于农资供应商这类技术提供主体，绝大多数农户表示自己不会接受其相关技术服务（表3-13）。

表 3-13 注册家庭农场的技术供给主体选择

技术类型	政府	教育、科研单位	涉农企业	农民专业合作社	农资供应商
需求数量	77	112	105	51	2
需求比重	50.9%	74.1%	69.8%	33.9%	13.4%

（四）参加农业专业合作社的农户

在参加农业专业合作社的农户中，希望接受政府为技术供给主体提供技术的占其总量的62.5%，希望接受教育、科研单位为技术供给主体提供技术的占其总量的50.1%，希望接受涉农企业为技术供给主体提供技术的占其总量的70.2%，希望接受农民专业合作社为技术供给主体提供技术的占其总量的80.9%，希望接受农资供应商为技术供给主体提供技术的占其总量的13.4%（表3-14）。数据处理结果显示，大部分加入了农业专业合作社的农户对这种农民互助性经济组织还是比较信任的，并表示非常乐意在合作社中交流学习以及使用新型农业技术。但不是所有参与合作社的农户都可以从其内部获得先进的农业技术，合作社有农户共同参与和个人承包两种基本形式，对于许多第一类合作社中的社长与第二类合作社中的负责人或决策者们，需要自行了解并选取适合其生产发展需要的先进技术，由于此类农户普遍接受新技术的能力较强且资金较为宽裕，所以他们更愿意选择应用企业中比较先进的农业技术。虽然参加农业专业合作社的农户对于政府这种农业技术供给主体的重视程度较注册家庭农场的农户有一定的提高，但诸多此类农户均表示他们更希望得到政府提供的技术应用补贴与技术人员支持，而对于政府所供给的技术内容，他们则没有强烈的需求意愿。在走访过程中我们了解到，很多农业专业合作社都和一些高校或者科研单位有着较为密切的合作关系，且这些单位的专家也会在农户需要时或定期亲临给农户们教授、指导相关的农业知识，因此，对于教育、科研单位这些技术供给主体，此类农户还是比较熟悉且愿意接受的。而对于农资供应商这类农业技术提供主体，绝大多数参加农业专业合作社的农户表示自己不感兴趣。

表 3-14　参加农业专业合作社的农户技术供给主体选择

技术类型	政府	教育、科研单位	涉农企业	农民专业合作社	农资供应商
需求数量	121	97	135	156	26
需求比重	62.5%	50.1%	70.2%	80.9%	13.4%

（五）与农业企业签订订单合同的农户

通过表 3-15 数据看出，与农业企业签订订单合同的农户最愿意接受的技术服务供给主体为企业。进一步来看，农户与企业签订订单是指农户根据其本身或其所在的合作组织与农产品的购买者之间签订合同，并按照协议组织安排农产品生产的一种农业产销模式。这种生产经营方式很好地适应了市场需要，具有市场性、契约性、预期性和风险性等特点。一般而言，企业与农户会在订单合同中规定农产品的收购数量、质量和最低保护价等要约条件，使双方享有相应的权利、义务与约束力，任意一方不能单方面毁约。这就促使相关农户必须按照企业的要求与规定从事农业生产经营活动。从农户角度来看，企业提供的新型农业技术、专家指导以及机械设备不但能够大幅度提升农业生产效率，而且有利于培养其市场化经营能力和法律合同意识，优化农业生产环境。对于政府、农民专业合作社与教育科研单位提供的新型农业技术服务，近半数的与农业企业签订订单合同的农户表示愿意了解或配合企业所提供的技术使用，但对于农资供应商所提供的农业技术服务，这类农户则表示基本不会考虑采用。

表 3-15　与农业企业签订订单合同农户的技术供给主体选择

技术类型	政府	教育、科研单位	涉农企业	农民专业合作社	农资供应商
需求数量	92	64	167	82	15
需求比重	50.2%	34.9%	90.9%	44.3%	8.3%

四、异质类农户对农业技术需求反馈模式特征比较

异质类农户在整个农业生产经营过程中将表现出多样化的技术诉求如粮食增产、土壤改良、污水净化以及新能源开发等，这些诉求的出现一方面源于生产收益的内在驱动，另一方面在于着力化解一些突发性问题（如病虫害、气候引起的温度骤变、农产品易腐烂以及农业机械损坏）。需要指明的是，政府主导下“自上而下”的技术推广路径几乎不存在任何反馈形式，农民在生产经营过程中遇到的诉求通常被忽视。随着农业技术供给主体多元化趋势逐步显现，广大农民的需求反馈方式日趋丰富，通过相关文献与实地调研可以总结出以下 5 种需求反馈方式，即农技站的工作人员（如上门或打电话向农技推广站的专家咨询），农资、农药经销商，农业专业合作社，其他农民组织，农业企业。异质类农户技术需求信息的反馈方式表述如下。

（一）小规模农户

如表 3-16 所示，在现实生产中，小规模农户的农业技术需求倾向于向农资、农药经销商进行反映。但通过走访了解我们发现，小规模农户更希望寻求并得到政府的帮助。在他们的观念中，政府所提供的技术服务安全可靠有保障且成本较低，但是现阶段陕西省政府农技推广部门人员严重缺编，基层农技推广体系出现了“线断、网破、人散”尴尬局面，导致小规模农户即使有求助意愿也找不到反映情况与

问题的地方和相关工作人员，而通过农资经销商买良种、肥料、农药等农业技术来解决其技术需要与生产问题已经成为此类农户的一种习惯。因此，小规模农户最愿意给农资、农药经销商反馈其农业技术需求意愿与生产经营中产生的问题不是其主观的意愿，而是被迫的选择。郭振宗认为，农业专业合作社与其他农民组织一直都是小规模农户信任与学习的对象，所以只要这些组织愿意接受解决小规模农户的技术需求意愿与生产过程中遇到的问题，小农户们非常乐意与其交流。对于涉农企业这类农业技术反馈途径，小规模农户表示他们一般接触不到。

表 3-16　小规模农户的技术需求反馈方式

技术类型	农技站的工作人员	农资、农药经销商	农业专业合作社	其他农民组织	农业企业
需求数量	141	162	87	99	13
需求比重	65. 1%	74. 9%	40. 4%	45. 9%	6. 2%

（二）专业种植大户

表 3-17 反映了专业种植大户技术需求反馈方式的现实状况，具体而言，愿意通过第一种方式表达或反馈他们技术需求意愿的农户分别占总量的 75. 6%、32%、17. 8%、44. 3%和 41. 7%，也就是说专业大户最希望通过上门或打电话向农技推广站专家咨询等方式来反馈他们对农业技术的需求意愿。目前陕西省最基层的农技推广站点一般设在乡镇中，这些站点中的农技推广人员会在农户有需求时或在某些特定的时期（如耕地、播种、栽培、除虫和收获等时间段）到各村进行农业技术指导，但由于陕西省农户数量众多，而技术推广人员却严重缺编，这就导致了农技推广服务无法扩散到每一个农户，只能有针对性地帮助一些专业种植大户，再由他们将新型农业技术传递给部分小规模农户。据了解，很多专业种植大户都能得到政府提供的农业技术推广服务与支持，且他们与农技站工作人员的关系也较为密切，这就使这类农户在农业生产过程中有技术需求或遇到问题时更愿意反馈给农技站的相关工作人员。对于其他农业技术需求反馈途径而言，专业种植大户除了向农业专业合作社反馈其对技术需求或问题的意愿较弱以外，愿意采用通过农资、农药经销

商，其他农民组织和农业企业等反馈方式的此类农户均占总量的三成左右。

表 3-17 专业种植大户的技术需求反馈方式

技术类型	农技站的 工作人员	农资、农药 经销商	农业专业 合作社	其他农民组织	农业企业
需求数量	85	38	20	52	45
需求比重	76.1%	34.3%	18.3%	46.2%	39.9%

（三）注册家庭农场的农户

通过表 3-18 数据得出，注册家庭农场的农户最希望向农技站的工作人员或农业企业表达其技术需求与问题。这类农户与专业种植大户一样，能够得到政府更多的帮助与扶持，他们往往是政府农技推广部门示范新型农业技术的首选群体之一，且大多数此类农户有机会与乡镇农技站的工作人员进行深入交流。与此同时，注册了家庭农场的农户所接触和使用的农业技术都比较先进，甚至很多是从国外进口的，这就使他们非常依赖给其提供农业技术的企业，从而愿意将自己在生产中遇到的问题与更多的技术需求反馈给这些企业并得到解决方案。通过走访发现，很多注册了家庭农场的农户都是农业专业合作社的负责人或成员，因此在合作社内部交流学习并解决自己的技术需求与问题也是这类农户愿意选择的反馈方式之一。对于向农资经销商或其他农民组织反馈农业技术需求的方式，注册家庭农场的农户大多表示不会采用。

表 3-18 注册家庭农场农户的技术需求反馈方式

技术类型	农技站的 工作人员	农资、农药 经销商	农业专业 合作社	其他农民组织	农业企业
需求数量	115	10	51	15	105
需求比重	75.9%	6.6%	33.9%	10.2%	69.8%

（四）参加农业专业合作社的农户

如表 3-19 所示，参加农业专业合作社的农户最愿意接受向农业专业合作社表达其农业技术需求意愿与问题的反馈方式。由于专业合作社是一种自愿结合的互助性经济组织，所以一般愿意参加合作社的农户都对合作社本身有着基本的信任与依赖，作为农业专业合作社中的一员，当他们在生产过程中遇到问题或有技术需要时理应通过合作社来解决。在走访过程中我们发现，政府所设立的农业技术推广站在大部分农户心中有着很高的威信，即便是参与了专业合作社的农户也非常愿意与农技站的工作人员进行沟通与学习。与此同时，很多农业专业合作社都与企业有着长期的业务关系，比如良种、化肥、农药的采购；农业生产中机器设备的购置和农产品在贮存，运输过程中保鲜技术的购买等。这就使得这类农户在遇到农业技术问题时，常常愿意和与其合作的企业交流并将他们的需求意愿反馈给企业，而对于将自己的农技需求意愿反馈给其他农民组织或农资经销商的方式，参加了农业专业合作社的农户则不太认可，尤其是通过农资经销商这种渠道来表达其技术需求意愿的方法，大部分此类农户表示不会采用。

表 3-19　参加农业专业合作社农户的技术需求反馈方式

技术类型	农技站的工作人员	农资、农药经销商	农业专业合作社	其他农民组织	农业企业
需求数量	106	12	166	43	96
需求比重	54.9%	6.2%	86%	22.3%	49.7%

（五）与农业企业签订订单合同的农户

表 3-20 数据显示与农业企业签订订单合同的农户最希望将自己的农业技术需求意愿或生产问题反馈给予其签订合约的企业。订单农业是市场经济的产物，是农业进步的表现，一般在订单农业合同中，企业会规定农户应该履行的义务与责任，并运用法律手段规避农户违约的风险，从而对订单合同当事人的违约行为做好预先防范措施。这就使与农业企业签订契约的农户必须按照企业的要求与标准进行其农业生产活动，为了避免农产品的外观、质量与产量不达标等原因所造成的违约，此类农户在有农技需求意愿或遇到农业生产问题时往往更愿意求助于与其签约的企业从而规避自己的风险。与参加农业专业合作社的农户一样，这类

农户对政府设立的农技推广机构非常信任，将近一半的此类农户非常愿意向农技站的工作人员咨询农业技术问题并学习使用。但是对于其他农业技术需求意愿的反馈方式，该类型农户的选择倾向性较弱。

表 3-20　与农业企业签订订单合同农户的技术需求反馈方式

技术类型	农技站的工作人员	农资、农药经销商	农业专业合作社	其他农民组织	农业企业
需求数量	92	11	31	34	165
需求比重	50%	5.9%	16.8%	18.5%	89.6%

第三节　异质类农户技术选择行为的影响因素实证分析

随着陕西省社会主义市场经济体制的逐步完善和农业现代化的不断发展，农业技术在提高农产品单产、减低生产成本、提升劳动者技能素质等方面发挥了巨大的作用，使农业综合生产能力稳步增长。在陕西省现行的农业技术推广体系下，政府在农业技术研发和推广中扮演着关键的角色，而广大农户通常只是依靠政府的“技术施舍”进行农业生产，即政府对农业技术的供给行为。值得注意的是，政府提供的技术与农民实际需求之间存在一定差距，两者契合度不高；不同区域农户对农业技术的需求是不同，而同一区域范围内的不同农业经营主体，其技术需求同样存在差异。在这种情况下，充分掌握农户生产过程中的需求意愿并辨别其影响因素，对于满足农户需要，提高农业技术推广效率意义重大。

通过整理众多学者对农户采用农业技术的研究发现，多数成果将研究对象进行了同质化处理，忽视了农户分化背景下农业经营主体的变迁与演进。对同一种农业技术来讲，小规模农户、专业大户或家庭农场主的需求意愿差异明显，而造成这些差异的原因可以归结为经营规模、生产目标、能否得到政府补贴或优惠性政策等具体因素。因此，为探明分化形成的不同农业经营主体技术采纳行为及其影响因素的差异，需要对上述因素选择合适的变量指标进行对比和回归分析。

在论述异质类农户技术需求意愿及影响因素之前，有必要对不同农业经营主体的划分标准、研究假设和数据来源进行说明。由于家庭农场和农业专业合作社不但具有严格的区分和界定，而且拥有法律性的概念及说明，这里不做过多解释。小规模农户和专业大户的划分标准主要从统计数据的处理方式入手，结合调研区域的现实情况进行设立，具体方法为：首先，依据土地规模将样本数据（调研过程中的研究对象分成普通农户、家庭农场和农业专业合作社三类，没有对小规模农户和专业大户加以区分）的前50%进行提取，然后利用经营目的（选择小规模生产经营或大规模商品化经营）、农业收入水平（农业收入占家庭收入的70%以上）和是否雇用劳动力等指标对剩余数据进行筛选，最终确定专业大户和小规模农户的比例为4：6。

新技术的不断创新与采用，已被作为区分现代农业与传统农业一个标准，但农民在计划使用农业技术的决策过程中，会受到自身条件和外部环境的双重制约，本书总结农户对技术需求的影响因素，提出以下4项研究假设。

一是农户自身特征对农技需求意愿的影响。依据研究目的，农户自身条件特征主要体现为以下3个方面：①性别。相较于女性来说男性富于革新，有较强的创新意识和风险承担能力，而女性思想相对保守，因此男性更容易采纳农业技术用于生产。②受教育水平。农户受教育年限越高，思想越超前，也就越容易接受新鲜事物，对采用农业技术较为积极。此外，受教育年数多的农户能够较好地消化理解并合理利用农业技术。③年龄。年龄较大的农户思想落后，故步自封，喜欢沿用以往的种植经验和传统的农业技术诸如病虫害防治技术进行生产；而年轻农户偏好尝试、引进新型农业技术，对农业生态安全和农村能源开发利用等技术需求强烈。

二是农户家庭诱致性因素特征对农技需求意愿的影响。农户家庭诱致性因素特征包括农户家庭收入水平、农业生产规模、种植专业化程度和经营年限等4个因素。①农户家庭收入水平。收入水平高的农户有能力购买使用新型农业技术。阮刘青等调查发现随着农户家庭收入的提高，对新农业技术的使用也呈现出从低到高的趋势。但值得注意的是，一些收入水平较低的农户不甘于目前的生活现状，在某种程度上对农业技术有着强烈的需求意愿。因而农户家庭收入水平对农户农技需求的影响尚无定论。②种植规模。种植规模大的农户与规模小的农户相比支付的生产成本大，承担的种植风险多，想要获得收益的期望值较大，因此他们对农技的需求比较强烈。③专业化程度。专业化程度高的农户对技术的数量和质量要求较高，无论以病虫害防治为代表的传统技术，还是以农用航空或农业气象为代表的新型农业技术，其需求都较为强烈。此外，农户专业化程度越高，对农业生产的依赖性越大，其技术的针对性投资也会越多。④经营年限。种植时间长的农户熟悉作物的生长环境，对自身使用的技术也较为了解，因此喜欢采纳传统技术或自身经验从事生产，而不愿轻易尝试新型农业技术。

三是生产环境特征对农技需求意愿的影响。①能否获得政策性优惠或现金补贴。政府的优惠性政策不但能有效激发农户积极采纳各项农业技术，而且可以引导农户依据自身需求进行农业技术选择，现金补贴则更直接影响农户对技术的采纳。②生态环境状况。环境污染少的地区，人与自然关系和谐，农户环保意识较强，对病虫害防治等高污染技术的采纳较为谨慎。③交通运输条件。交通便利地区农户的运营成本较低，对技术的需求较为强烈。

四是农户信息来源对农技需求意愿的影响。农户技术信息来源包括以下两个方面：①家庭成员是否参加过技术的指导和培训。农户参加技术培训的次数越多，对技术的理解和掌握越充分，因而具有更强的技术采纳意愿。②农户对技术服务信息了解程度。农户获得技术信息的数量越多，从事非农经营的可能性越大，对农业技术的需求意愿较弱。

本书所用数据来源于 2017 年 10 月对陕西省西安市高陵区、临潼区、杨凌区、蓝田县及周至县的实地调研，下面就不同农业经营主体的技术需求意愿及影响因素展开论述。

一、小规模农户的技术需求意愿及其影响因素分析

（一）变量的选取

依据上述研究假设，选择反映小规模农户自身特征的性别、受教育水平和年龄，家庭诱致性因素特征的家庭收入、种植规模和专业化程度，生产环境特征的能否获得政策性优惠或现金补贴、生态环境状况和交通运输条件，以及农户信息

来源特征的家庭成员是否参加过技术指导和培训、对技术服务信息了解程度的自变量进行论述。

（二）问卷情况

涉及小规模农户的有效问卷为132份。调查问卷反映的情况，如表3-21所示，从小规模农户自身条件包括的3项基本情况来看，受访者以男性为主，占到

表3-21　小规模农户基本情况

名称	选项	人数	比例	名称	选项	人数	比例
性别	男	83	69.7%	种植年限	3年以下	5	3.8%
	女	49	30.3%		4~6年	4	3.0%
年龄	35岁以下	14	10.5%		7~9年	25	18.9%
	36~45岁	48	36.1%		10年以上	97	74.3%
	46~55岁	50	38.3%	农业收入占家庭收入比重	10%以下	1	0.7%
	56~65岁	15	11.2%		11%~20%	55	41.6%
	66岁以上	5	3.9%		21%~30%	67	50.7%
文化程度	小学及以下	67	50.7%		31%以上	29	7.0%
	初中	53	40.1%	生态环境状况	严重污染	11	8.3%
	高中	11	8.5%		中度污染	14	10.6%
	大专及以上	1	0.7%		轻度污染	47	35.6%
种植面积	3亩以下	39	38.7%		良好	60	45.5%
	4~6亩	60	41.3%	能否得到政府补贴	是	112	84.8%
	7~9亩	32	13.9%		否	20	15.2%
	10亩以上	1	0.7%	当地物流运输条件	差	1	0.7%
人均纯收入	20 000元以下	74	56.1%		一般	37	28.0%
	20 001~25 000元	47	35.6%		较好	56	42.4%
	25 001~30 000元	8	45.4%		便利	38	28.9%
	30 001~35 000元	2	6.2%	是否参加技术培训	是	48	26.4%
	35 001元以上	1	0.7%		否	84	63.6%
				技术信息来源情况	较多	53	40.1%
					较少	79	59.9%

注：数据来源于2017年对陕西省3区2县的调研资料

总人数的62.4%，年龄多数在36~55岁，文化程度普遍偏低，初中以下学历占到90.8%，农户整体素质不高且年龄偏大。技术采用的诱致性因素中农户人均纯收入较低，大多数低于25 000元，农业生产规模适中，一般农户都能拥有5亩左右的土地，年均农业生产收入占家庭收入比例较低，农业生产的专业化程度不高，农户生产经验较为丰富，10年以上的占到74.3%。从农业生产环境上看，多数农民（84.8%）可以获得政府粮食种植补贴；当地生态环境较好，少数地区存在重度污染的情况；农村物流条件一般，对于像蔬菜、水果之类易腐易烂的农产品而言，交通运输能力不足。农户信息来源的构成因素中，农户获取农技信息的来源不多，获得技术的渠道多为广播或电视，63.6%的农民没有接受过正式的技术指导，技术培训工作亟须加强。

（三）变量说明

通过描述调查问卷情况，结合上述研究假设，在构建logistic回归模型时将12项解释变量分为农户自身条件、诱致性因素、农业生产环境和农技信息来源4组，把农业技术推广法中规定的8项实用技术和科技成果作为被解释变量，各变量具体含义及统计结果见表3-22。

表3-22　变量含义及赋值

变量	代码	含义与赋值	均值	方差
被解释变量				
不同农业技术需求状况	y	采用良种繁育及栽培技术=1，否=0	0.53	0.24
		采用肥料及使用技术=1，否=0	0.51	0.25
		采用植物病虫害、动物疫病和其他有害生物防治技术=1，否=0	0.49	0.26
		采用农产品收获、加工、包装、贮藏、运输技术=1，否=0	0.15	0.13
		采用农业投入品安全使用、农产品质量安全技术=1，否=0	—	—
		采用农田水利、农村供排水、土壤改良与水土保持技术=1，否=0	—	—
		采用农业机械化、农用航空、农业气象和农业信息技术=1，否=0	0.11	0.10
		防灾减灾、农业资源与生态安全和能源开发利用技术采用=1，否=0	—	—

（续表）

变量	代码	含义与赋值	均值	方差
解释变量				
性别	X1	男=1，女=0	0.63	0.24
年龄	X2	35 岁以下=1，36~45 岁=2，46~55 岁=3，56~65 岁=4，66 岁以上=5	2.99	1.44
文化程度	X3	小学及以下=1，初中=2，高中=3，大专及以上=4	1.59	0.46
种植规模	X4	<3 亩=1，4~6 亩=2，7~9 亩=3，>10 亩=4	1.96	0.76
人均纯收入	X5	<20 000 元=1，20 001~25 000 元=2，25 001~30 000 元=3，30 001~35 000 元=4，>35 001 元=5	1.55	0.55
种植时间	X6	<5 年=1，5~10 年=2，>11 年=3	3.63	0.53
农业收入占总收入比重	X7	<10%=1，11%~20%=2，21%~30%=3，>31%=4	2.95	1.14
生态环境状况	X8	严重污染=1，中度污染=2，轻度污染=3，良好=4	3.18	0.87
能否得到政府补贴	X9	是=1，否=0	0.88	0.19
当地物流运输条件	X10	差=4，一般=3，较好=2，便利=1	2.99	0.61
是否参加技术培训	X11	是=1，否=0	0.36	0.23
技术信息来源情况	X12	较多=1，较少=0	0.40	0.24

由于被调查区域内的小规模农户对农业投入品安全使用、农产品质量安全技术，农田水利、农村供排水、土壤改良与水土保持技术，防灾减灾、农业资源与生态安全和能源开发利用技术的需求数为零，因此在之后的模型构建环节予以忽略。

（四）模型的构建

本书考察的是农户对 8 种不同类型农业技术的使用情况，即因变量是取值为 1 或 0 的二值变量，因此利用 logistic 回归模型表示农户技术选择行为，logistic 概率函数模型为

$$p_k = F(y) = \frac{\exp(\alpha + \beta_1 x_1 + \beta_2 x_2 + \cdots + \beta_k x_k)}{1 + \exp(\alpha + \beta_1 x_1 + \beta_2 x_2 + \cdots + \beta_k x_k)} \tag{3.1}$$

(6.1) 式中, p_k 表示农户技术选择的概率, y 表示农户采用农业技术的意愿,用 1 或 0 表示, x_k 是自变量, 表示上述影响农户技术采纳的 12 项因素, α 表示常数项, β_k 是影响因素的回归系数。

如果对回归模型的概率 p_k 进行 logit 变换, 即 $logit(p) = \ln\left(\frac{p}{1-p}\right)$, 则 (3.1) 式可以表示为变量 $z = logit(p)$ 关于 x 的线性函数

$$logit(p) = \ln\left(\frac{p}{1-p}\right) = \alpha + \beta_1 x_1 + \beta_2 x_2 + \cdots + \beta_k x_k + \varepsilon \tag{3.2}$$

其中 ε 表示随机干扰项。

(五) 影响小规模农户技术选择的实证分析

通过运用 PASW Statistics 18 统计软件, 将 12 项预测变量和 5 种不同农业科技成果分别进行逻辑斯蒂回归, 所得结果见表 3-23 至表 3-27。

表 3-23 小规模农户对良种繁育及栽培技术选择的 logistics 分析结果

预测变量	系数	标准误	Wald 值	显著性水平	Exp (B)
性别	-0.192	0.472	0.165	0.149	7.991
年龄	-0.104	0.169	0.379	0.538	2.115
文化程度	0.700***	0.315	4.957	0.026	2.014
种植规模	0.730***	0.277	6.967	0.008	0.482
人均纯收入	0.055*	0.275	0.041	0.084	1.057
种植时间	0.852	0.343	6.182	0.013	2.344
收入比重	0.266	0.197	1.814	0.178	1.304
生态状况	0.115	0.242	0.227	0.634	1.122
政府补贴	1.157***	0.337	11.819	0.001	4.965
交通条件	0.302	0.117	6.644	0.410	1.352
接受培训	0.516	0.872	0.350	0.554	0.597
信息来源	0.860*	0.863	0.994	0.082	2.364
常数项	-4.749***	1.979	5.759	0.016	0.009
-2 倍对数似然值	153.626				
整体显著性水平	0.016				

（续表）

预测变量	系数	标准误	Wald 值	显著性水平	Exp（B）
Hosmer-Lemeshow 检验	0.846				

注：*、** 和 *** 分别表示变量在 10%，5%和 1%的统计水平上显著

表 3-24 小规模农户对肥料及使用技术选择的 logistics 分析结果

预测变量	系数	标准误	Wald 值	显著性水平	Exp（B）
性别	-0.176	0.459	0.147	0.367	0.181
年龄	-0.324	0.169	3.673	0.055	1.382
文化程度	0.437***	0.301	2.109	0.006	4.549
种植规模	-0.506	0.270	3.522	0.162	0.603
人均纯收入	0.161**	0.269	0.359	0.036	1.175
种植时间	0.291	0.296	0.964	0.326	1.338
收入比重	0.368	0.195	3.563	0.059	1.445
生态状况	-0.107*	0.240	0.200	0.098	1.113
政府补贴	0.229**	0.460	0.247	0.021	1.257
交通条件	0.361	0.282	1.632	0.201	1.434
接受培训	1.736	0.897	3.749	0.053	0.176
信息来源	1.787**	0.903	3.912	0.048	5.971
常数项	-4.807**	1.914	6.309	0.012	0.008
-2 倍对数似然值	158.114				
整体显著性水平	0.058				
Hosmer-Lemeshow 检验	0.686				

注：*、** 和 *** 分别表示变量在 10%，5%和 1%的统计水平上显著

表 3-25 小规模农户对植物病虫害、动物疫病和其他有害生物防治技术选择的 logistics 分析结果

预测变量	系数	标准误	Wald 值	显著性水平	Exp（B）
性别	0.220*	0.454	0.236	0.073	2.684
年龄	-0.120	0.158	0.577	0.447	0.887
文化程度	0.086	0.282	0.094	0.760	0.917
种植规模	0.153**	0.259	0.352	0.032	0.858

（续表）

预测变量	系数	标准误	Wald 值	显著性水平	Exp（B）
人均纯收入	0.127**	0.263	0.234	0.036	1.136
种植时间	0.455	0.294	2.398	0.122	1.576
收入比重	0.148	0.186	0.630	0.427	1.159
生态状况	-0.520**	0.244	4.550	0.033	1.682
政府补贴	0.020**	0.480	0.002	0.047	1.020
交通条件	0.178	0.278	0.412	0.521	1.195
接受培训	0.502*	0.803	0.391	0.532	0.605
信息来源	0.841	0.800	1.106	0.293	2.319
常数项	-3.763*	1.831	4.224	0.040	0.023
-2 倍对数似然值	166.099				
整体显著性水平	0.038				
Hosmer-Lemeshow 检验	0.795				

注：*、** 和 *** 分别表示变量在 10%，5%和 1%的统计水平上显著

表 3-26　小规模农户对农产品收获、加工、包装、贮藏、运输技术选择的 logistics 分析结果

预测变量	系数	标准误	Wald 值	显著性水平	Exp（B）
性别	1.709***	0.680	6.315	0.002	1.192
年龄	-0.151	0.239	0.401	0.526	0.859
文化程度	0.542***	0.408	1.769	0.005	0.581
种植规模	0.349	0.376	0.862	0.353	1.418
人均纯收入	0.552*	0.438	1.589	0.079	0.576
种植时间	0.018	0.383	0.002	0.962	1.018
收入比重	0.160	0.286	0.311	0.577	0.852
生态状况	0.567	0.438	1.676	0.195	1.763
政府补贴	0.496	0.700	0.503	0.478	1.642
交通条件	0.517***	0.404	1.637	0.001	0.596
接受培训	1.668	1.107	2.271	0.132	5.302
信息来源	-0.856	1.137	0.567	0.452	0.425

（续表）

预测变量	系数	标准误	Wald 值	显著性水平	Exp（B）
常数项	-0.186***	2.675	0.005	0.945	0.830
-2 倍对数似然值	93.405				
整体显著性水平	0.062				
残差平方和（x^2）	9.486				
Hosmer-Lemeshow 检验	0.039				

注：*、** 和 *** 分别表示变量在 10%，5%和 1%的统计水平上显著

表 3-27　小规模农户对农业机械化、农用航空、农业气象和农业信息技术选择的 logistics 分析结果

预测变量	系数	标准误	Wald 值	显著性水平	Exp（B）
性别	2.078**	1.168	3.165	0.043	1.102
年龄	-0.200	0.266	0.567	0.451	0.819
文化程度	0.256	0.547	0.219	0.640	1.292
种植规模	0.771*	0.475	2.631	0.095	2.162
人均纯收入	1.254*	0.766	2.681	0.087	0.285
种植时间	0.982	0.828	1.408	0.235	2.669
收入比重	0.413	0.291	2.010	0.156	1.511
生态状况	-0.034	0.356	0.009	0.924	0.967
政府补贴	0.706	0.789	0.800	0.371	2.026
交通条件	0.714	0.510	1.963	0.161	2.042
接受培训	0.624	1.490	0.175	0.675	1.867
信息来源	0.782	1.450	0.291	0.590	2.185
常数项	-11.926	4.361	7.478	0.006	0.000
-2 倍对数似然值	67.573				
整体显著性水平	0.514				
Hosmer-Lemeshow 检验	0.010				

注：*、** 和 *** 分别表示变量在 10%，5%和 1%的统计水平上显著

从表3-23到表3-27中可以看出，前3种模型整体在1%的统计水平上显著，而后两种模型整体未达到显著性水平；Hosmer-Lemeshow适配度检验中，5个模型的p值分别为0.846、0.686、0.795、0.039和0.010，其中前3种技术模型的检测数值均大于0.05，拟合度较好。两项指标共同反映了良种繁育及栽培技术，肥料及使用技术，植物病虫害、动物疫病和其他有害生物防治技术模型整体的拟合结果较为理想；农产品收获、加工、包装、贮藏、运输技术，农业机械化、农用航空、农业气象和农业信息技术的适配度较差，表示模型构建不理想。其原因主要是采纳上述技术的个案数据少，统计样本容量有限，导致整体回归模型无法通过显著性检验。

总体上讲，农户对不同农业技术的采纳意愿差异明显，其中，对后两类技术有需求的农户分别仅占总人数的15.1%和11.3%，而对良种繁育及栽培技术有需求的人数则占到52.3%，选择化肥施用技术和病虫害防治技术的农户也达到了五成以上。此外，选择农产品收获、加工、包装、贮藏、运输技术的农户又必然地选择了良种和病虫害防治技术，这反映了农户需求具有一定的衍生性。当农户产生一种技术需求的同时，又会衍生出另外若干种其他需求，虽然衍生过程不具有可逆性，但对采纳技术的先进程度呈现一种上升趋势。从具体影响因素角度来看：

（1）农户自身条件特征。①农民的性别。性别在植物病虫害、动物疫病和其他有害生物防治技术，农产品收获、加工、包装、贮藏、运输技术，农业机械化、农用航空、农业气象和农业信息技术中都达到了1%的显著性水平且系数为正值，在其他预测因素不变的情况下，男性采用3类技术的概率分别是女性的2.684倍、1.192倍和1.102倍，说明男性更倾向于利用该类型技术进行生产。性别在其他两类技术上不显著且符号为负值，原因可能是技术在农业生产过程中的应用较为广泛，受农户性别的影响不大。②年龄。年龄在5个回归模型中的系数都是负值，这意味着随着农民年龄的增加，对农业技术的需求逐渐降低。老农户良种繁育及栽培技术的概率是年轻农户的2.115倍，表明年龄大的农户种植经验丰富但思想较为保守，习惯于采用传统农业技术，而年轻农户更倾向于采纳以农业信息为代表的新型技术。③文化程度。文化程度在各个回归模型中的系数都是正值，表明随着农户文化程度的增加，获取和使用农业技术的能力不断提高，对各项农业技术的需求较为强烈。农户文化程度在肥料及使用技术上达到了1%的显著性水平，文化程度高的农户使用这项技术是低文化程度农户的4.549倍，影响效果明显。

（2）农户家庭诱致性因素特征。①种植规模。种植规模在良种繁育及栽培技术，植物病虫害、动物疫病和其他有害生物防治技术，农业机械化、农用航空、农业气象和农业信息技术上分别达到了10%、5%和1%的显著性水平，说明随着农户种植规模的增加，对这3项技术的选择较为明确。而种植规模在肥料及使用技术，农产品收获、加工、包装、贮藏、运输技术上不显著，其原因有待于进一步研究。②人均纯收入水平。农户人均纯收入越高，对良种栽培技术，肥料施用技术，农产品收获、加工、包装、贮藏、运输技术，农业机械化、农用航空、农业气象和农业信息技术的需求意愿更为强烈，尤其是人均纯收入在肥料及使用技术上到达了5%的显著性水平，人均纯收入高的农户使用该技术是低收入农户的1.175倍。人均纯收入在病虫害防治技术模型中的系数为负，如前所述，这一变量对农户技术选择的影响尚不明确，贫困农户渴望摆脱目前的生活现状，希望采纳一定规模的农业技术来提高生产收益，加之部分科技成果的可操作性较强，使得贫困农户的技术需求同样强烈。③种植时间。种植时间在5个回归模型中的系数均为正值，种植时间越长，经验越丰富，对技术的需求越旺盛。④收入比重。农业收入占家庭收入的比重反映了农户专业化生产的程度。从系数的符号上看，收入比重与所有农业技术的采纳行为均呈正相关关系，农户专业化程度越高，对技术的需求越强烈，而这些需求不仅反映在使用规模上，更表现在成果的技术含量方面。

（3）农业生产环境特征对农技需求意愿的影响。①生态环境状况。农业生产是自然再生产和经济再生产相互交织的复杂活动，生态环境不但反映地区农业生产状态，而且能够影响农业发展进程。由于农民的种植习惯和技术使用具有一定传承性，如果农户经常使用杀虫剂等病虫害防治技术，无疑会对当地生态环境造成破坏。环境污染少的区域虽不能推断农户环保意识有多强，但对农业技术的使用惯性有利于形成和谐的生态环境。②能否获得政策性优惠或现金补贴。政府补贴在良种繁育及栽培技术，肥料及其施用技术，病虫害防治技术上分别达到了1%和5%的显著性水平，这意味着政府补贴是影响农户采用这3种技术的重要因素，尤其是有补贴的农户使用良种技术是没有补贴农户的4.965倍，影响效果较为明显。此外，政府补贴在农产品收获、加工、包装、贮藏、运输技术，农业机械化、农用航空、农业气象和农业信息技术中没有达到一定显著性水平，原因是两类技术的投资量大，小规模农户尚无能力采纳这些新技术，同时政府有关技术的补贴力度有限，最终表现为影响不显著。③交通条件。交通条件和地理位置优越的农户能够便利地对农作物进行产后深加工，以增加产品的附加值。实证结果显示，交通条件差的地区使用农产品收获、加工、包装、贮藏、运输技术不及交通便利地区的1/4。此外，交通便利的地区有利于农民进行技术信息交流，在某种程度上促进了技术的采纳与应用。

（4）农户信息来源对农技需求意愿的影响。①家庭成员是否参加过农业技术的培训。从接受调查的132名小规模农户情况来看，接受过农业技术培训的农户仅占36.3%，国家对农民技术培训支持力度不足。模型数据表明，参加过技术培训的农户采用5种不同农业技术的比重分别为91.2%、87.5%、89.4%、78.6%和82.9%，相对应未参加技术培训的农户采用3种不同农业技术的比重为41.2%、58.6%、34.1%、37.2%和25.9%。可以看出，农民是否参加培训与技术选择之间关系密切，但现阶段技术培训环节薄弱，亟须加强。②农户获得技术服务信息渠道。信息渠道对农户农技采纳的影响分为两个方面：一方面，多渠道的信息获取能使农民广泛地了解不同新型技术，有利于增加技术的使用数量；另一方面，信息渠道越多，农户获取非农生产技术的可能性也越大，农业种植的机会成本相应增加，尤其对年轻农户来说农业生产已不再是其唯一的从业选择。农户获得技术服务信息渠道在良种培育技术和化肥使用技术上分别达到了10%和5%的显著性水平，而在其他技术上却不显著，说明该预测变量对技术采纳的影响不明确，部分小规模农户对农业技术的认知差异不明显。

总之，受土地规模、资金投入和小农思想的制约，小规模农户的技术采纳行为表现出一种原始性特征，传统技术和现代技术的认知程度差异明显。从农户技术采纳的影响因素来看，信息来源、种植规模、人均纯收入、政府补贴和文化程度等因素对良种繁殖及栽培技术的选择影响明显；文化程度、人均纯收入、生态状况、政府补贴和信息来源变量对化肥施用技术的采纳意愿影响强烈；性别、种植规模、人均纯收入、生态状况、政府补贴和接受培训对采用植物病虫害和其他有害生物防治技术的影响较大；性别、文化程度、人均纯收入和交通条件对农产品收获、加工、包装、贮藏、运输技术的选择影响较大；人均纯收入、种植规模和性别变量是影响小规模农户采用农业机械化、农用航天、农业气象和农业信息技术的主要因素。

二、专业大户的技术需求意愿及其影响因素分析

与小规模农户相比，专业大户在土地规模、经营目的及雇工行为等方面表现出若干差异：他们大多拥有 10 亩以上的经营面积，在生产资料占有与有效利用方面具有一定优势；农业生产的专业化程度较高且存在周期性或临时性的雇工行为；除满足基本生活保障外，开始有限度地参与市场活动。这些差异反映了农户分化过程中农业经营主体的演变趋势，体现了改造传统农业的历史规律，符合农业发展现代化的特质。

参照上一节分析步骤，对专业大户技术采纳意愿及其影响因素进行论述和说明。

（一）变量的选择

对专业大户技术采纳意愿影响因素的选择同样分为反映农户自身特征、家庭诱致性因素特征、生产环境特征及农户信息来源特征等 4 类 12 项变量。

（二）问卷情况

专业大户的有效问卷为 92 份，调查问卷反映的情况，如表 3-28 所示。

表 3-28　专业大户基本情况

名称	选项	人数	比例	名称	选项	人数	比例
性别	男	70	69.7%	种植年限	3 年以下	2	3.8%
	女	22	30.3%		4~6 年	10	3.0%
年龄	35 岁以下	10	10.5%		7~9 年	31	18.9%
	36~45 岁	34	36.1%		10 年以上	49	74.3%
	46~55 岁	32	38.3%	农业收入占家庭收入比重	10%以下	34	0.7%
	56~65 岁	12	11.2%		11%~20%	16	41.6%
	66 岁以上	4	3.9%		21%~30%	14	50.7%
文化程度	小学及以下	23	50.7%		31%以上	28	7.0%
	初中	48	40.1%	生态环境状况	严重污染	10	8.3%
	高中	18	8.5%		中度污染	10	10.6%
	大专及以上	3	0.7%		轻度污染	27	35.6%
种植面积	3 亩以下	2	38.7%		良好	45	45.5%
	4~6 亩	9	41.3%	能否得到政府补贴	是	78	84.8%
	7~9 亩	28	13.9%		否	14	15.2%
	10 亩以上	53	0.7%	当地物流运输条件	差	3	0.7%
人均纯收入	20 000 元以下	10	56.1%		一般	30	28.0%
	20 001~25 000 元	18	35.6%		较好	39	42.4%
	25 001~30 000 元	34	45.4%		便利	20	28.9%
	30 001~35 000 元	16	6.2%	是否参加技术培训	是	62	26.4%
	35 001 元以上	14	0.7%		否	30	63.6%
				技术信息来源情况	较多	46	40.1%
					较少	46	59.9%

注：数据来源于 2017 年对陕西省 3 区 2 县的调研资料

（三）变量说明

通过描述调查问卷情况，在构建 logistic 回归模型时将 12 项解释变量分为农户自身条件、诱致性因素、农业生产环境和农技信息来源 4 组，把农业技术推广法中规定的 8 项实用技术和科技成果作为被解释变量，各变量具体含义及统计结果见表 3-29。

表 3-29　变量含义及赋值

变量	代码	含义与赋值	均值	方差
被解释变量				
不同农业技术需求状况	y	采用良种繁育及栽培技术=1，否=0	0.42	0.25
		采用肥料及使用技术=1，否=0	0.52	0.25
		采用植物病虫害、动物疫病和其他有害生物防治技术=1，否=0	0.37	0.23
		采用农产品收获、加工、包装、贮藏、运输技术=1，否=0	0.10	0.08
		采用农业投入品安全使用、农产品质量安全技术=1，否=0	—	—
		采用农田水利、农村供排水、土壤改良与水土保持技术=1，否=0	0.27	0.20
		采用农业机械化、农用航空、农业气象和农业信息技术=1，否=0	0.12	0.10
		防灾减灾、农业资源与生态安全和能源开发利用技术采用=1，否=0	—	—
解释变量				
性别	X1	男=1，女=0	0.76	0.18
年龄	X2	35岁以下=1，36~45岁=2，46~55岁=3，56~65岁=4，66岁以上=5	2.63	0.98
文化程度	X3	小学及以下=1，初中=2，高中=3，大专及以上=4	2.96	0.74
种植规模	X4	<3亩=1，4~6亩=2，7~9亩=3，>10亩=4	3.43	0.57
人均纯收入	X5	<20 000元=1，20 001~25 000元=2，25 001~30 000元=3，30 001~35 000元=4，>35 001元=5	2.54	2.24
种植时间	X6	<5年=1，5~10年=2，>11年=3	3.45	0.47
农业收入占总收入比重	X7	<10%=1，11%~20%=2，21%~30%=3，>31%=4	3.10	0.91
生态环境状况	X8	严重污染=1，中度污染=2，轻度污染=3，良好=4	3.16	1.07
能否得到政府补贴	X9	是=1，否=0	0.85	0.13
当地物流运输条件	X10	差=4，一般=3，较好=2，便利=1	2.83	0.65
是否参加技术培训	X11	是=1，否=0	0.39	0.24
技术信息来源情况	X12	较多=1，较少=0	0.50	0.25

通过整理发现，专业大户对农业投入品安全使用、农产品质量安全，防灾减灾、农业资源与生态安全和能源开发利用两类技术的采纳意愿不明显，因此不对其进行回归计算。

（四）影响专业大户技术选择的实证分析

表 3-30 至表 3-35 列出了利用 PASW Statistics 18 统计软件对专业大户技术采纳及影响因素进行的二元 logistics 回归计算结果。

表 3-30 专业大户对良种繁育及栽培技术选择的 logistics 分析结果

预测变量	系数	标准误	Wald 值	显著性水平	Exp（B）
性别	-0. 136	0. 553	0. 061	0. 185	1. 146
年龄	-0. 306	0. 277	1. 216	0. 270	1. 002
文化程度	0. 091	0. 309	0. 087	0. 768	0. 913
种植规模	0. 008	0. 310	0. 001	0. 978	1. 185
人均纯收入	0. 038 ***	0. 173	0. 048	0. 000	1. 039
种植时间	0. 034	0. 410	0. 007	0. 934	1. 035
收入比重	0. 204	0. 260	0. 617	0. 432	1. 226
生态状况	-0. 272	0. 283	0. 924	0. 336	0. 761
政府补贴	2. 443	0. 920	7. 051	0. 008	11. 507
交通条件	0. 239	0. 303	0. 623	0. 430	1. 270
接受培训	0. 579	0. 656	0. 778	0. 378	1. 083
信息来源	0. 802 **	0. 726	1. 220	0. 043	0. 448
常数项	-1. 727	2. 619	0. 435	0. 510	0. 178
-2 倍对数似然值	112. 462				
整体显著性水平	0. 032				
Hosmer-Lemeshow 检验	0. 552				

注：*、** 和 *** 分别表示变量在 10%、5%和 1%的统计水平上显著

表 3-31 专业大户对肥料及使用技术选择的 logistics 分析结果

预测变量	系数	标准误	Wald 值	显著性水平	Exp（B）
性别	0. 546	0. 552	0. 977	0. 102	1. 726
年龄	-0. 646	0. 291	4. 921	0. 027	1. 114

（续表）

预测变量	系数	标准误	Wald 值	显著性水平	Exp（B）
文化程度	0.254	0.304	0.695	0.405	0.776
种植规模	0.222	0.312	0.504	0.478	1.248
人均纯收入	0.099	0.172	0.334	0.563	1.104
种植时间	0.185	0.401	0.212	0.645	1.203
收入比重	0.348	0.263	1.749	0.186	1.416
生态状况	-0.350***	0.274	1.638	0.000	0.704
政府补贴	0.419	0.723	0.336	0.562	1.520
交通条件	0.424	0.312	1.840	0.175	1.528
接受培训	0.658	0.654	1.012	0.315	1.131
信息来源	0.456**	0.715	0.407	0.024	0.634
常数项	-1.035	2.495	0.172	0.678	0.355
-2 倍对数似然值	114.506				
整体显著性水平	0.049				
Hosmer-Lemeshow 检验	0.534				

注：*、** 和 *** 分别表示变量在 10%、5%和 1%的统计水平上显著

表 3-32　专业大户对植物病虫害、动物疫病和其他有害生物防治技术选择的 logistics 分析结果

预测变量	系数	标准误	Wald 值	显著性水平	Exp（B）
性别	-0.750	0.607	1.525	0.217	0.472
年龄	-0.033	0.306	0.012	0.915	1.032
文化程度	0.103	0.326	0.100	0.752	1.109
种植规模	0.479**	0.352	1.849	0.044	1.219
人均纯收入	0.338*	0.191	3.129	0.077	1.402
种植时间	0.279	0.448	0.388	0.533	1.322
收入比重	0.139	0.272	0.260	0.610	1.149
生态状况	-0.011	0.306	0.001	0.972	0.989
政府补贴	-0.463***	0.825	0.314	0.001	0.630
交通条件	1.262	0.358	12.403	0.000	3.534
接受培训	0.417	0.714	0.341	0.559	1.159

（续表）

预测变量	系数	标准误	Wald 值	显著性水平	Exp（B）
信息来源	1.153	0.810	2.026	0.155	3.167
常数项	-4.451	2.740	2.639	0.104	0.012
-2 倍对数似然值	99.817				
整体显著性水平	0.000				
Hosmer-Lemeshow 检验	0.680				

注：*、** 和 *** 分别表示变量在 10%、5%和 1%的统计水平上显著

表 3-33　专业大户对农产品收获、加工、包装、贮藏、运输技术选择的 logistics 分析结果

预测变量	系数	标准误	Wald 值	显著性水平	Exp（B）
性别	1.641***	1.197	1.879	0.001	5.161
年龄	-0.066	0.536	0.015	0.902	1.008
文化程度	0.143	0.602	0.056	0.813	1.154
种植规模	1.032***	0.695	2.206	0.000	2.807
人均纯收入	0.063*	0.354	0.032	0.085	1.065
种植时间	1.058	0.848	1.557	0.212	2.882
收入比重	10.474	0.449	1.113	0.291	1.263
生态状况	0.380	0.495	0.590	0.442	1.463
政府补贴	0.890**	1.270	0.491	0.048	2.434
交通条件	1.067***	0.635	2.825	0.000	1.344
接受培训	1.778	1.498	1.409	0.235	1.051
信息来源	-1.897	1.578	1.444	0.229	0.150
常数项	-9.074	5.634	2.594	0.107	0.000
-2 倍对数似然值	47.529				
整体显著性水平	0.195				
Hosmer-Lemeshow 检验	0.924				

注：*、** 和 *** 分别表示变量在 10%、5%和 1%的统计水平上显著

表 3-34　专业大户对农田水利、农村供排水、土壤改良与水土保持技术选择的 logistics 分析结果

预测变量	系数	标准误	Wald 值	显著性水平	Exp（B）
性别	1.119**	0.740	2.287	0.069	3.062
年龄	-0.170	0.319	0.282	0.595	1.144

（续表）

预测变量	系数	标准误	Wald 值	显著性水平	Exp（B）
文化程度	0.512	0.348	2.166	0.141	1.668
种植规模	0.034	0.392	0.008	0.931	1.035
人均纯收入	-0.139	0.202	0.475	0.491	0.870
种植时间	0.650	0.468	1.925	0.165	1.915
收入比重	0.451	0.310	2.119	0.145	1.569
生态状况	0.447	0.320	1.947	0.163	1.563
政府补贴	-0.890	0.864	1.060	0.303	0.411
交通条件	0.264	0.365	0.522	0.470	1.302
接受培训	1.421	0.824	2.972	0.085	1.141
信息来源	-0.565	0.906	0.389	0.533	0.568
常数项	-8.179	3.291	6.175	0.013	0.000
-2 倍对数似然值	90.370				
整体显著性水平	0.003				
Hosmer-Lemeshow 检验	0.753				

注：*、** 和 *** 分别表示变量在 10%、5%和 1%的统计水平上显著

表 3-35 专业大户对农业机械化、农用航空、农业气象和农业信息技术选择的 logistics 分析结果

预测变量	系数	标准误	Wald 值	显著性水平	Exp（B）
性别	0.130	0.930	0.020	0.889	0.878
年龄	0.024	0.454	0.003	0.957	1.065
文化程度	0.069	0.563	0.015	0.902	0.933
种植规模	0.220	0.465	0.223	0.637	0.803
人均纯收入	0.638	0.275	5.374	0.020	1.893
种植时间	0.218	0.550	0.157	0.692	0.804
收入比重	0.077	0.418	0.034	0.854	1.080
生态状况	0.323	0.539	0.358	0.550	1.381
政府补贴	0.228**	1.474	0.024	0.041	1.257
交通条件	0.365	0.520	0.493	0.483	1.440
接受培训	2.154	1.065	4.093	0.043	1.262

（续表）

预测变量	系数	标准误	Wald 值	显著性水平	Exp（B）
信息来源	-0. 426	1. 171	0. 132	0. 716	0. 653
常数项	-5. 718	4. 487	1. 624	0. 203	0. 003
-2 倍对数似然值	51. 709				
整体显著性水平	0. 224				
Hosmer-Lemeshow 检验	0. 651				

注：*、** 和 *** 分别表示变量在 10%、5%和 1%的统计水平上显著

从表 3-30 至表 3-35 可以看出，专业大户对良种繁育及栽培技术，肥料及使用技术，植物病虫害、动物疫病和其他有害生物防治技术，农田水利、农村供排水、土壤改良与水土保持技术采纳模型的整体显著性检验较为理想，说明数据与模型的拟合度较好，而在 Hosmer-Lemeshow 检验中，4 个模型的 P 值分别为 0. 032、0. 049、0. 000 和 0. 003，表征自变量对因变量的解释程度较高。农产品收获、加工、包装、贮藏、运输技术，农业机械化、农用航空、农业气象和农业信息技术的模型整体性检验不甚理想，但-2 倍对数似然值相对较低，表示投入解释变量（不含常数项）之后，对专业大户技术选择行为的解释力显著增加。

与小规模农户情况相似，专业大户对不同技术的采纳意愿同样表现出很大差异，有超过 47. 2%的农户选择了肥料施用技术，使用良种技术和病虫害防治技术的农户分别占到总人数的 51%和 37%。相比之下，专业大户对收获、加工、包装、贮藏、运输等经营性技术的需求不明显，仅占总数的 9. 8%，这反映出农户分化过程中，不同类型农户的技术采纳行为具有传承性和一致性。单就专业大户来看，虽然技术的施用决策可能与其他农业经营主体趋同，但影响其技术采纳意愿因素的作用方向和大小存在很大差异，具体来看：

（1）农户自身条件特征。①农民的性别。性别在农产品收获、加工、包装、贮藏、运输技术，农田水利、农村供排水、土壤改良与水土保持技术中达到了 10%的显著性水平，说明性别与两类技术呈相关关系。从预测变量回归系数的符号来看，良种繁育及栽培技术，植物病虫害、动物疫病和其他有害生物防治技术的值为负，表明同男性相比，女性更乐于使用上述技术从事生产，其原因主要是技术成果的应用范围广，可操作性强且风险较弱。②年龄。年龄在 6 个回归模型

中的系数都是负值，这意味着伴随农民年龄的增加，对农业技术的需求逐渐降低。进一步而言，在其他情况不变的前提下，专业大户每增加一岁，对6种不同农业技术的需求分别减少了2%，11%，3%，14%，2%和6%，年龄大的农户虽然具有丰富的生产经验，但风险规避意识同样十分强烈，他们只肯沿用传统成果而不会轻易尝试新的农业技术，这一点在非物化类技术的使用上表现得更为明显。③文化程度。文化程度在各个回归模型中的系数都是正值，表明随着农户文化程度的增加，获取和使用农业技术的能力不断提高，对各项农业技术的需求较为强烈。

（2）农户家庭诱致性因素特征。①种植规模。种植规模在全部6个模型中的回归系数都是正值，且在植物病虫害、动物疫病和其他有害生物防治技术，农产品收获、加工、包装、贮藏、运输技术上分别达到了5%和1%的显著性水平，说明随着专业农户种植规模的增加，对所有技术选择有正向影响。此外，该变量对良种繁育及栽培技术模型，肥料及使用技术模型，植物病虫害、动物疫病和其他有害生物防治技术模型的优势比分别为1.18，1.24和1.21，这表示专业大户种植规模每增加一亩，则采纳上述3种技术的可能性会分别增加18%，24%和21%。种植面积越大，获取规模经济的优势也就越明显，而技术成果对土地要素的乘数效应可以在更大范围内发挥作用，因而技术采纳的意愿越强烈。②人均纯收入水平。农户人均纯收入越高，对良种繁育及栽培技术，植物病虫害、动物疫病和其他有害生物防治技术，农产品收获、加工、包装、贮藏、运输技术的需求意愿更为强烈，尤其是人均纯收入在良种繁育及栽培技术上到达了1%的显著性水平，人均纯收入高的农户使用该技术是低收入农户的1.039倍。③种植时间。种植时间在6个回归模型中的系数均为正值，种植时间越长，经验越丰富，对技术的需求越旺盛。④收入比重。从系数的符号上看，收入比重与所有农业技术的采纳行为均呈正相关关系，农户专业化程度越高，其农业生产的经营意愿和对技术的需求越强烈。此外，收入比重在6种技术中的优势比分别为1.226、1.416、1.149、1.263、1.569和1.080，表明该变量每提升一个档次，技术采纳的可能性将增加5~40个百分点。

（3）农业生产环境特征对农技需求意愿的影响。①生态环境状况。生态环境变量对专业大户技术采纳意愿的影响是间接的。可以发现，生态环境受污染区域的农户习惯于过量使用化肥、农药等生产要素，这种习惯性的要素投入方式虽能大幅度提高农业生产效率，但同时带来的土壤酸化、空气及水资源污染等问题也愈发严重。生态环境变量在肥料及使用技术，植物病虫害、动物疫病和其他有害生物防治技术模型中达到了1%的显著性水平，且回归系数为负值，这表明随着生态环境的逐步优化，专业大户对两类技术的需求数量在不断减少。②能否获得政策性优惠或现金补贴。政府补贴不但在全部6个农业技术采纳模型中的回归系数均为正，而且通过了农产品收获、加工、包装、贮藏、运输技术，农业机械化、农用航空、农业气象和农业信息技术5%的显著性检验，说明政府补贴可以有效带动专业大户技术使用的积极性。③交通条件。交通条件和地理位置优越的农户能够便利地对农产品进行加工、包装和储存，从而增加相关技术的采纳和使用。具体而言，交通条件变量在农产品收获、加工、包装、贮藏、运输技术模型中达到了1%的显著性水平，优势比为1.344，这表明交通条件每提升一个档次，专业大户对此类技术的使用可以增加34.4%，影响效果十分明显。

（4）农户信息来源对农技需求意愿的影响。①家庭成员是否参加过农业技术的培训。该变量在所有模型中的回归系数都是正值，优势比分别是1.083、1.131、1.152、1.051、1.141和1.262，表征参加过技术培训的农户使用6种类型农业技术的概率能够提升8%、13%、15%、5%、14%和26%。依据调研数据可以发现，接受过技术培训的专业大户比例高达76.4%，较小规模农户相比，增加了近一倍，这一方面说明政府对专业大户的指导力度强，投入的人力物力也相对较多；另一方面专业大户对农业技术的需求数量和质量都有所提升，相应地对如何高效利用这些技术也更加关心。②农户获得技术服务信息渠道。与分析小规模农户相似，信息渠道对专业农户技术采纳的影响分为两个方面：一方面，多渠道的信息获取能使农民广泛地了解不同新型技术，有利于增加技术的使用数量；另一方面，信息渠道越多，农户获取非农生产技术的可能性也越大，农业种植的机会成本相应增加。专业农户获得技术服务信息渠道在良种培育技术和化肥使用技术上达到了5%的显著性水平，而在其他技术上却不显著，说明该预测变量对技术采纳的影响不明确。

三、家庭农场的技术需求意愿及其影响因素分析

恰亚耶夫认为，家庭农场是这样一种性质的组织：一个农民是集企业主和工人于一身的家族温情与传统社会关系同现代理性化决策程序的结合。在陕西省，家庭农场的出现反映了农业专业化和商品化的生产特征，是适应农业现代化发展的经营组织形式，与前面论述的小规模农户及专业大户在组织形式、管理制度和产权安排等方面存在本质性差异。

由于家庭农场是市场经济作用下的微观经营主体，属于现代企业组织的范畴，因此大规模从事农业生产并追求利润最大化成为其唯一的目标。在这种情况下，农场主竞争意识和商品观念将逐步形成，对现代化生产要素的投入和有效利用也更加重视，进而形成一种规模化、商品化和专业化的生产经营模式。从农业技术的需求层次来看，无论以良种、肥料、农药为代表的传统技术，还是以农业信息、农用航天气象为代表的新型成果，家庭农场都有所涉及，但不同农场受客观环境和主观因素的影响，对技术类型和数量的选择将出现个体性差异，因此探究家庭农场的技术采纳意愿及其影响因素对了解组织运行规律和行为特征的意义重大。延续对不同农业经营主体的分析方法，从农户自身特征，家庭诱致性因素特征，生产环境特征和农户信息来源等 4 个方面甄选指标进行论述。

（一）问卷情况

剔除无效问卷，涉及家庭农场的有效问卷为 86 份。调查问卷反映的情况，如表 3-36 所示：在反映农户自身特征的要素中，农场主男女比例较为均衡；年龄集中在 36~55 岁；文化程度相对较高，具有高中以上学历的占到 77.9%，有超过 22.1%的农场主拥有大专以上学历。诱致性因素中，76.4%农户能够获得 35 001元以上的人均纯收入；农业生产规模大，拥有 100 亩以上土地的农场占总数的 64%左右，所有农场都是通过土地流转获得土地，在规模经营方面具有一定优势；农业生产的专业化程度高；农场主生产经验十分丰富。从农业生产环境上看，96.3%的家庭农场可以享受政府各项优惠补贴政策；当地生态环境较好，少数地区存在重度污染的情况；农村物流条件较好，交通运输能力强。农户信息来

源的构成因素中，农场主获取技术信息的来源较多，绝大多数农场经营人员都接受过正式的技术指导，一些家庭农场甚至直接聘请农业技术人员参与日常生产活动。

表 3-36　家庭农场基本情况

名称	选项	人数	比例	名称	选项	人数	比例
性别	男	45	52.3%	种植年限	3 年以下	2	2.3%
	女	41	47.7%		4~6 年	19	22.1%
年龄	35 岁以下	14	16.2%		7~9 年	25	29.1%
	36~45 岁	46	53.5%		10 年以上	40	46.5%
	46~55 岁	22	25.6%	农业收入占家庭收入比重	10%以下	6	6.9%
	56~65 岁	4	4.7%		11%~20%	4	4.6%
	66 岁以上	0	0.0%		21%~30%	18	20.9%
文化程度	小学及以下	4	4.7%		31%以上	58	67.6%
	初中	15	17.4%	生态环境状况	严重污染	1	1.1%
	高中	48	55.8%		中度污染	3	3.5%
	大专及以上	19	22.1%		轻度污染	25	29.1%
种植面积	100 亩以下	31	36.1%		良好	57	66.3%
	100~150 亩	19	22.1%	能否得到政府补贴	是	81	94.2%
	151~160 亩	18	20.9%		否	5	5.8%
	161 亩以上	18	20.9%	当地物流运输条件	差	6	6.9%
人均纯收入	20 000 元以下	0	0.0%		一般	18	20.9%
	20 001~25 000 元	2	2.3%		较好	31	36.1%
	25 001~30 000 元	7	8.1%		便利	31	36.1%
	30 001~35 000 元	11	12.8%	是否参加技术培训	是	79	91.2%
	35 001 元以上	66	76.8%		否	7	8.8%
				技术信息来源情况	较多	75	87.2%
					较少	11	12.8%

注：数据来源于 2017 年对陕西省 3 区 2 县的调研资料

（二）变量说明

通过描述调查问卷情况，结合上述研究假设，在构建 logistic 回归模型时将

12 项解释变量分为农户自身条件、诱致性因素、农业生产环境和农技信息来源 4 组，把农业技术推广法中规定的 8 项实用技术和科技成果作为被解释变量，各变量具体含义及统计结果见表 3-37。

表 3-37　变量含义及赋值

变量	代码	含义与赋值	均值	方差
被解释变量				
不同农业技术需求状况	y	采用良种繁育及栽培技术=1，否=0	0.74	0.19
		采用肥料及使用技术=1，否=0	0.79	0.16
		采用植物病虫害、动物疫病和其他有害生物防治技术=1，否=0	0.73	0.19
		采用农产品收获、加工、包装、贮藏、运输技术=1，否=0	0.49	0.25
		采用农业投入品安全使用、农产品质量安全技术=1，否=0	0.36	0.23
		采用农田水利、农村供排水、土壤改良与水土保持技术=1，否=0	0.40	0.24
		采用农业机械化、农用航空、农业气象和农业信息技术=1，否=0	0.35	0.23
		防灾减灾、农业资源与生态安全和能源开发利用技术采用=1，否=0	0.19	0.15
解释变量				
性别	X1	男=1，女=0	0.52	0.16
年龄	X2	35 岁以下=1，36~45 岁=2，46~55 岁=3，56~65 岁=4，66 岁以上=5	2.19	0.56
文化程度	X3	小学及以下=1，初中=2，高中=3，大专及以上=4	3.95	0.58
种植规模	X4	<3 亩=1，4~6 亩=2，7~9 亩=3，>10 亩=4	2.27	1.35
人均纯收入	X5	<20 000 元=1，20 001~25 000 元=2，25 001~30 000 元=3，30 001~35 000 元=4，>35 001 元=5	4.62	0.61
种植时间	X6	<5 年=1，5~10 年=2，>11 年=3	3.20	0.75
农业收入占总收入比重	X7	<10%=1，11%~20%=2，21%~30%=3，>31%=4	3.21	1.42
生态环境状况	X8	严重污染=1，中度污染=2，轻度污染=3，良好=4	3.60	0.38
能否得到政府补贴	X9	是=1，否=0	1.06	0.05
当地物流运输条件	X10	差=4，一般=3，较好=2，便利=1	3.01	0.86

（续表）

变量	代码	含义与赋值	均值	方差
是否参加技术培训	X11	是=1，否=0	1.13	0.11
技术信息来源情况	X12	较多=1，较少=0	1.08	0.76

表 3-38 至表 3-45 列出了利用 PASW Statistics 18 统计软件对家庭农场技术采纳及影响因素进行的二元 logistic 回归计算结果。

表 3-38　家庭农场对良种繁育及栽培技术选择的 logistics 分析结果

预测变量	系数	标准误	Wald 值	显著性水平	Exp（B）
性别	-0.503 **	0.754	0.444	0.045	0.605
年龄	-0.725	0.412	3.088	0.079	0.484
文化程度	0.781	0.439	3.161	0.075	1.184
种植规模	0.070	0.292	0.057	0.811	1.072
人均纯收入	-0.037	0.357	0.011	0.916	0.963
种植时间	0.733	0.381	3.709	0.054	2.081
收入比重	0.218	0.280	0.606	0.436	0.804
生态状况	-0.407	0.515	0.626	0.429	0.666
政府补贴	1.121 ***	1.015	0.312	0.001	1.831
交通条件	0.452	0.372	1.473	0.225	1.571
接受培训	1.167	1.089	1.147	0.284	1.212
信息来源	-0.102	1.169	0.008	0.931	0.903
常数项	-21.668	17 181.015	0.000	0.999	0.000
-2 倍对数似然值	79.528				
整体显著性水平	0.014				
Hosmer-Lemeshow 检验	0.332				

注：*、** 和 *** 分别表示变量在 10%、5%和 1%的统计水平上显著

表 3-39　家庭农场对肥料及使用技术选择的 logistics 分析结果

预测变量	标准误	Wald 值	显著性水平	Exp（B）
性别	1.157	1.982	0.159	0.196

（续表）

预测变量	标准误	Wald 值	显著性水平	Exp（B）
年龄	0.452	0.009	0.925	1.044
文化程度	0.471	0.061	0.804	1.124
种植规模	0.320	1.395	0.238	1.459
人均纯收入	0.326	1.730	0.188	1.535
种植时间	0.420	1.200	0.273	1.585
收入比重	0.293	0.891	0.345	0.758
生态状况	0.556	0.959	0.002	1.723
政府补贴	1.593	0.128	0.072	1.565
交通条件	0.366	0.310	0.578	0.816
接受培训	0.841	1.448	0.229	1.364
信息来源	1.014	0.344	0.558	0.552
常数项	3.922	0.000	1.000	1.001

注：*、** 和 *** 分别表示变量在 10%、5%和 1%的统计水平上显著

表 3-40 家庭农场对植物病虫害、动物疫病和其他有害生物防治技术选择的 logistics 分析结果

预测变量	系数	标准误	Wald 值	显著性水平	Exp（B）
性别	-2.362*	1.332	3.146	0.076	0.094
年龄	0.034	0.445	0.006	0.940	1.034
文化程度	0.187	0.482	0.150	0.698	1.205
种植规模	0.031	0.309	0.010	0.919	1.032
人均纯收入	1.200	0.391	9.423	0.002	3.320
种植时间	0.275	0.394	0.489	0.484	1.317
收入比重	0.103	0.287	0.130	0.719	1.109
生态状况	-0.023***	0.531	0.002	0.021	1.677
政府补贴	0.258*	1.356	0.036	0.084	1.773
交通条件	0.407	0.361	1.273	0.259	1.502

（续表）

预测变量	系数	标准误	Wald 值	显著性水平	Exp（B）
接受培训	0. 440	0. 908	0. 235	0. 628	1. 644
信息来源	-0. 357	1. 040	0. 118	0. 731	0. 700
常数项	-4. 328	4. 121	1. 103	0. 294	0. 013
-2 倍对数似然值	73. 922				
整体显著性水平	0. 031				
Hosmer-Lemeshow 检验	0. 812				

注：*、** 和 *** 分别表示变量在 10%、5%和 1%的统计水平上显著

表 3-41　家庭农场对农产品收获、加工、包装、贮藏、运输技术选择的 logistics 分析结果

预测变量	系数	标准误	Wald 值	显著性水平	Exp（B）
性别	0. 554*	0. 704	0. 619	0. 069	1. 740
年龄	-0. 261	0. 386	0. 455	0. 500	0. 771
文化程度	0. 183	0. 403	0. 206	0. 650	1. 201
种植规模	0. 688	0. 282	5. 951	0. 015	1. 990
人均纯收入	-0. 195	0. 349	0. 310	0. 577	0. 823
种植时间	-0. 206	0. 356	0. 337	0. 562	0. 813
收入比重	0. 244	0. 244	1. 002	0. 317	1. 277
生态状况	-0. 593	0. 475	1. 558	0. 212	0. 553
政府补贴	0. 160**	1. 160	0. 019	0. 049	1. 174
交通条件	0. 714***	0. 339	4. 428	0. 003	1. 342
接受培训	2. 539	1. 020	6. 190	0. 013	1. 079
信息来源	1. 564	1. 126	1. 930	0. 165	4. 776
常数项	-0. 443	3. 513	0. 016	0. 900	0. 642
-2 倍对数似然值	90. 901				
整体显著性水平	0. 013				
Hosmer-Lemeshow 检验	0. 586				

注：*、** 和 *** 分别表示变量在 10%、5%和 1%的统计水平上显著

表 3-42 家庭农场对农业投入品安全使用、农产品质量安全技术选择的 logistics 分析结果

预测变量	系数	标准误	Wald 值	显著性水平	Exp（B）
性别	0.215	0.807	0.071	0.789	1.240
年龄	1.310	0.519	6.381	0.012	3.706
文化程度	2.028	0.664	9.333	0.002	1.598
种植规模	0.351	0.312	1.263	0.261	1.420
人均纯收入	-0.824	0.459	3.231	0.072	0.438
种植时间	0.185	0.427	0.187	0.665	1.203
收入比重	0.396	0.291	1.854	0.173	0.673
生态状况	-0.449	0.583	0.592	0.442	0.639
政府补贴	2.142*	1.425	2.258	0.079	1.117
交通条件	1.056	0.465	5.165	0.023	2.874
接受培训	4.213	1.729	5.937	0.015	1.015
信息来源	3.194	1.480	4.659	0.031	24.388
常数项	-6.646	4.303	2.386	0.122	0.001
-2 倍对数似然值	68.217				
整体显著性水平	0.000				
Hosmer-Lemeshow 检验	0.213				

注：*、** 和 *** 分别表示变量在 10%、5%和 1%的统计水平上显著

表 3-43 家庭农场对农田水利、农村供排水、土壤改良与水土保持技术选择的 logistics 分析结果

预测变量	系数	标准误	Wald 值	显著性水平	Exp（B）
性别	0.002	0.641	0.000	0.998	1.002
年龄	0.173	0.342	0.256	0.613	1.189
文化程度	-0.343	0.373	0.848	0.357	1.710
种植规模	0.281	0.245	1.308	0.253	1.324
人均纯收入	-0.397	0.307	1.672	0.196	0.673
种植时间	-0.255	0.308	0.683	0.409	0.775
收入比重	0.224	0.225	0.990	0.320	0.800
生态状况	0.730	0.463	2.491	0.115	2.076
政府补贴	1.414***	1.238	1.304	0.000	1.243

（续表）

预测变量	系数	标准误	Wald 值	显著性水平	Exp（B）
交通条件	-0.030	0.300	0.010	0.921	0.971
接受培训	0.744	0.819	0.827	0.363	1.475
信息来源	0.345	0.976	0.125	0.724	1.412
常数项	2.639	3.229	0.668	0.414	13.993
-2 倍对数似然值	104.194				
整体显著性水平	0.007				
Hosmer-Lemeshow 检验	0.211				

注：*、** 和 *** 分别表示变量在 10%、5%和 1%的统计水平上显著

表 3-44　家庭农场对农业机械化、农用航空、农业气象和农业信息技术选择的 logistics 分析结果

预测变量	系数	标准误	Wald 值	显著性水平	Exp（B）
性别	0.919	0.771	1.421	0.233	2.506
年龄	0.380	0.373	1.033	0.309	1.462
文化程度	0.663	0.474	1.961	0.161	1.941
种植规模	0.508	0.271	3.525	0.060	1.662
人均纯收入	-0.411	0.339	1.471	0.225	0.663
种植时间	-0.119	0.331	0.128	0.720	0.888
收入比重	0.152	0.238	0.408	0.523	0.859
生态状况	0.583	0.489	1.425	0.233	1.792
政府补贴	0.674*	1.133	0.353	0.552	1.510
交通条件	-0.348	0.325	1.145	0.285	0.706
接受培训	0.453	0.863	0.275	0.600	1.636
信息来源	1.603	1.068	2.252	0.133	4.969
常数项	-4.927	3.461	2.026	0.155	0.007
-2 倍对数似然值	90.797				
整体显著性水平	0.013				
Hosmer-Lemeshow 检验	0.478				

注：*、** 和 *** 分别表示变量在 10%、5%和 1%的统计水平上显著

表 3-45　家庭农场对防灾减灾、农业资源与生态安全和能源开发利用技术选择的 logistics 分析结果

预测变量	系数	标准误	Wald 值	显著性水平	Exp（B）
性别	1.089	1.023	1.132	0.287	2.971
年龄	0.699	0.510	1.881	0.170	2.012
文化程度	1.686	0.751	5.044	0.025	1.400
种植规模	0.568	0.359	2.493	0.114	1.764
人均纯收入	-1.147	0.498	5.308	0.021	0.318
种植时间	-0.620	0.420	2.175	0.140	0.538
收入比重	0.071	0.302	0.055	0.814	0.931
生态状况	0.459	0.595	0.596	0.440	1.583
政府补贴	1.767*	0.361	0.129	0.082	1.425
交通条件	-0.485	0.423	1.320	0.251	0.615
接受培训	1.944	1.871	1.080	0.299	1.143
信息来源	-20.059	13435.171	0.000	0.999	0.000
常数项	38.069	20102.093	0.000	0.998	3.414E16
-2 倍对数似然值	54.176				
整体显著性水平	0.006				
Hosmer-Lemeshow 检验	0.284				

注：*、** 和 *** 分别表示变量在 10%、5%和 1%的统计水平上显著

家庭农场的农业技术采纳呈现出广泛和深度的特征。从问卷反馈的结果来看，家庭农场的技术选择涵盖了良种、肥料、病虫害、运输等全部 8 种类型，而从模型处理的结果上讲，所有模型都通过了 10%的整体显著性水平，Homser-Lemeshow 检验的显著性水平均大于 0.05，这一方面表明数据和模型的拟合度较好，另一方面反映了家庭农场对每一类农业技术的采纳意愿较为强烈，进而形成了充足的样本数据。以下就影响家庭农场技术采纳的因素做出具体阐述：

（1）农户自身条件特征。①农民的性别。性别在良种繁育及栽培技术，植物病虫害、动物疫病和其他有害生物防治技术，农产品收获、加工、包装、贮藏、运输技术中分别达到了 5%和 10%的显著性水平，表明这 3 类技

术同性别变量之间存在相关关系。此外，性别在良种和农产品收获、加工、包装、贮藏、运输技术模型中的回归系数为负，说明女性的采纳意愿较男性相比更加强烈。出现这一现象的主要原因有两个，一是被调查区域的家庭农场主男女比例较为平均，也就是说女性在农场生产活动中扮演着十分重要的角色，她们对技术选用、要素购置和经营方向等方面拥有更多的话语权和决策权，这是一个基础性原因。二是家庭农场的经营模式与小规模农户或专业大户之间存在较大差异，以管理决策为主要内容的企业式运营模式不需要农场主亲力亲为，而大规模的雇工行为又可以化解女性体能等先天性不足，因此男女之间因生理条件而导致技术采纳偏好对农场经营者的影响较为有限。②年龄。年龄在8个回归模型中没有达到10%以下显著性水平，表明经营者年龄对技术采纳的影响甚微。③文化程度。文化程度变量在各个回归模型中的系数都是正值，表明随着农户文化程度的增加，获取和使用农业技术的能力不断提高，对各项农业技术的需求较为强烈。具体来看，该变量在8个模型中的优势比分别是1.184、1.124、1.205、1.201、1.598、1.710、1.941和1.400，那么文化程度每提升一个档次，对技术采纳的可能性就会分别增加18.4%、12.4%、20.5%、20.1%、59.8%、71.0%、94.1%和40%。

（2）农户家庭诱致性因素特征。①种植规模。种植规模在所有模型中的回归系数都是正值，说明随着家庭农场种植规模的增加，对所有技术选择有正向影响。作为一个独特的经营主体，家庭农场多为规模化种植，其技术要素的需求量很大，相应地，农业技术的乘数效应对农场收益的影响十分明显。②人均纯收入水平。农户人均纯收入越高，用于购置生产要素的资金投入越多，对农业技术的选择意愿也越发强烈。实证结果显示，该预测变量在所有回归模型中的系数均为正，其中对防灾减灾、农业资源与生态安全和能源开发利用，农田水利、农村供排水、土壤改良与水土保持等先进性技术上到达了5%的显著性水平，这表明雄厚的财力支持是形成技术商品购买力的基础和保证。③种植时间。种植时间变量在任何一个回归模型中都没有达到10%以下的显著性水平，而且系数有正有负，这说明种植时间的长短与农场主的技术采纳行为之间没有必然的联系。我们在调研过程中发现，由于家庭农场的注册和认定工作自2013年年初开始进行，虽然一些家庭农场是由专业大户演变而来，他们的种植时间相对较长，经验也较为丰富，但相当一部分的家庭农场刚刚成立，有的甚至还在建设规划当中，这些农场主的生产及经营经验明显不足，但这并不妨碍科技成果的应用和普及。前面提到，家庭农场的现代企业特征十分明显，而企业家才能作为一项重要生产要素投入，对农业技术的选择具有重要的意义。除必要的生产经验外，大胆的技术革新，敏锐的市场洞察力都是企业家才能的构成要素，因此，就家庭农场这一经营主体而言，种植时间变量对其技术采纳意愿的影响有限。④收入比重。从系数的符号上看，收入比重与所有农业技术的采纳行为呈正相关关系，农户专业化程度越高，其农业生产的经营意愿和对技术的需求越强烈。此外，收入比重在 8 种技术中的优势比分别为，表明该变量每提升一个档次，技术采纳的可能性将增加 5~20 个百分点。

（3）农业生产环境特征对农技需求意愿的影响。①生态环境状况。与小规模农户及专业大户的分析相似，生态环境变量只对病虫害防治技术，化肥及使用技术的影响较为强烈，而且优势比分别为 1.723 和 1.667。具体来看，生态环境每提升一个档次，对两类农业技术的使用率会增加 72.3%和 66.7%。②能否获得政策性优惠或现金补贴。政府补贴不但在 8 个农业技术采纳模型中的回归系数为正，而且通过了全部技术 10%的显著性检验，说明政策性优惠或现金补贴变量可以刺激家庭农场对相关农业技术的使用热情。上面提到，以规模化生产为主要特征的家庭农场，其所需的技术种类也相对较多，而且多以技术商品的形式出现。这些农业技术的购置成本往往在经营成本中占有很大的比重，因此与其他类型经营主体相比，家庭农场对技术商品的价格更为敏感，即使微小的价格差别也会影响他们的购买意愿。政策性优惠或现金补贴在一定程度上增加了家庭农场经营收入，有利于提高其市场竞争力。③交通条件。交通条件变量对家庭农场技术采纳意愿的影响仅局限在农产品收获、加工、包装、贮藏、运输技术当中，优势比为 1.342，也就是说交通条件每提升一个档次，对该类技术的使用将增加 34.2%。

（4）农户信息来源对农技需求意愿的影响。①家庭成员是否参加过农业技术的培训。该变量在所有模型中的回归系数都是正值，优势比分别是 1.212、

1.364、1.644、1.079、1.015、2.475、1.636和1.143，表明参加过技术培训的农户使用8种类型农业技术的概率能够分别提升21%、36%、64%、7%、1%、47%、63%和14%。②农户获得技术服务信息渠道。与分析小规模农户和专业大户不同，家庭农场获得技术服务信息渠道变量对其技术采纳意愿只有正向影响，其原因家庭农场先期投入较多，对农业生产的依赖程度也相对较大，农场主不会因为获得非农技术渠道的增多而转移经营方向，因此农场主获取技术服务信息渠道的增多有利于提高其技术采纳意愿。

四、参与农民专业合作社农户的技术需求意愿及其影响因素分析

在这一部分的论述中，将研究对象瞄准参与农民专业合作社农户，而非合作社本身，其主要原因有两个：一是前面论述的所有农户均以个体的形式出现，这种研究对象的一致化处理有利于实现不同农业经营主体之间的横向比较，二是异质类农户技术需求意愿及影响因素问题是借助微观农户的调研数据进行回归和模拟的，从合作社本身来讲不会出现年龄、性别、学历等变量，因此无法对其技术采纳影响因素做出判断。基于上述原因并依照前面的分析步骤，对参与农民专业合作社农户技术采纳意愿及其影响因素进行阐述。

（一）问卷情况

在剔除无效问卷之后涉及参与农民专业合作社农户的有效问卷为131份。调查问卷反映的情况，如表3-46所示：在反映农户自身特征的要素中，男性占绝大多数；年龄集中在36~55岁；约有50%的农户具有高中以上学历。诱致性因素中，人均纯收入在35 001元以上的农户占总人数的44.5%；农业生产规模较为适中，42%的农户拥有5亩以上的土地；从农业生产环境上看，92.4%的农户可以享受政府各项优惠补贴政策；当地生态环境较好，少数地区存在重度污染的情况；农村物流条件较好，交通运输能力强。农户信息来源的构成因素中，农户获取技术信息的来源较多，而且绝大多数都接受过正规的技术指导。

表 3-46　参与农民专业合作社农户基本情况

名称	选项	人数	比例	名称	选项	人数	比例
性别	男	109	83.2%	种植年限	3 年以下	2	1.5%
	女	22	16.8%		4~6 年	9	6.8%
年龄	35 岁以下	11	8.4%		7~9 年	26	19.8%
	36~45 岁	60	45.9%		10 年以上	94	71.9%
	46~55 岁	45	34.4%	农业收入占家庭收入比重	10%以下	13	9.9%
	56~65 岁	13	9.9%		11%~20%	42	32.1%
	66 岁以上	2	1.4%		21%~30%	28	21.4%
文化程度	小学及以下	34	25.9%		31%以上	48	36.6%
	初中	32	24.4%	生态环境状况	严重污染	1	0.7%
	高中	55	41.9%		中度污染	4	3.1%
	大专及以上	10	7.8%		轻度污染	19	14.5%
种植面积	5 亩以下	25	19.1%		良好	107	81.7%
	6~10 亩	51	38.9%	能否得到政府补贴	是	124	94.2%
	11~15 亩	30	22.9%		否	7	5.8%
	16 亩以上	25	19.1%	当地物流运输条件	差	2	1.5%
人均纯收入	20 000 元以下	27	20.6%		一般	17	12.9%
	20 001~25 000 元	12	9.1%		较好	29	22.1%
	25 001~30 000 元	14	10.6%		便利	83	63.5%
	30 001~35 000 元	20	15.2%	是否参加技术培训	是	129	98.4%
	35 001 元以上	58	44.5%		否	2	1.6%
				技术信息来源情况	较多	110	83.9%
					较少	21	16.1%

注：数据来源于 2017 年对陕西省 3 区 2 县的调研资料

（二）变量说明

通过描述调查问卷情况，结合上述研究假设，在构建 logistic 回归模型时将 12 项解释变量分为农户自身条件、诱致性因素、农业生产环境和农技信息来源 4 组，把农业技术推广法中规定的 8 项实用技术和科技成果作为被解释变量，各变量具体含义及统计结果见表 3-47。

表 3-47　变量含义及赋值

变量	代码	含义与赋值	均值	方差
被解释变量				
不同农业技术需求状况	y	采用良种繁育及栽培技术=1，否=0	0.68	0.219
		采用肥料及使用技术=1，否=0	0.73	0.201
		采用植物病虫害、动物疫病和其他有害生物防治技术=1，否=0	0.66	0.227
		采用农产品收获、加工、包装、贮藏、运输技术=1，否=0	0.39	0.240
		采用农业投入品安全使用、农产品质量安全技术=1，否=0	0.47	0.251
		采用农田水利、农村供排水、土壤改良与水土保持技术=1，否=0	0.51	0.252
		采用农业机械化、农用航空、农业气象和农业信息技术=1，否=0	0.34	0.227
		防灾减灾、农业资源与生态安全和能源开发利用技术采用=1，否=0	0.26	0.194
解释变量				
性别	X1	男=1，女=0	1.17	0.141
年龄	X2	35 岁以下=1，36~45 岁=2，46~55 岁=3，56~65 岁=4，66 岁以上=5	3.20	33.48
文化程度	X3	小学及以下=1，初中=2，高中=3，大专及以上=4	3.37	0.680
种植规模	X4	<3 亩=1，4~6 亩=2，7~9 亩=3，>10 亩=4	2.42	1.015
人均纯收入	X5	<20 000 元=1，20 001~25 000 元=2，25 001~30 000 元=3，30 001~35 000 元=4，>35 001 元=5	3.53	2.574
种植时间	X6	<5 年=1，5~10 年=2，>11 年=3	3.62	0.469
农业收入占总收入比重	X7	<10%=1，11%~20%=2，21%~30%=3，>31%=4	3.27	0.767
生态环境状况	X8	严重污染=1，中度污染=2，轻度污染=3，良好=4	3.77	0.286
能否得到政府补贴	X9	是=1，否=0	1.05	0.051
当地物流运输条件	X10	差=4，一般=3，较好=2，便利=1	3.47	0.605
是否参加技术培训	X11	是=1，否=0	1.02	0.015
技术信息来源情况	X12	较多=1，较少=0	1.16	0.136

（三）影响参与农民专业合作社农户技术选择因素的实证分析

表 3-48 至表 3-55 列出了利用 PASW Statistics 18 统计软件对参与农民专业合作社农户技术采纳及影响因素进行的二元 logistic 回归计算结果。

表 3-48　参与农民农业合作社农户对良种繁育及栽培技术选择的 logistics 分析结果

预测变量	系数	标准误	Wald 值	显著性水平	Exp（B）
性别	1.308	0.845	2.395	0.122	3.697
年龄	-0.708	0.306	5.359	0.021	0.230
文化程度	0.355	0.330	1.156	0.282	1.426
种植规模	0.122*	0.285	0.182	0.070	1.129
人均纯收入	0.260*	0.188	1.903	0.068	1.297
种植时间	0.575	0.370	2.407	0.121	1.776
收入比重	0.360	0.271	1.764	0.184	1.434
生态状况	-0.727	0.542	1.799	0.180	0.484
政府补贴	1.181*	1.235	0.021	0.088	1.198
交通条件	0.033	0.300	0.012	0.912	1.034
接受培训	1.121	9.771	1.035	0.235	1.488
信息来源	0.048	0.621	0.006	0.938	0.953
常数项	-26.649	25 569.771	0.000	0.999	0.000
-2 倍对数似然值	127.224				
整体显著性水平	0.000				
Hosmer-Lemeshow 检验	0.075				

注：*、** 和 *** 分别表示变量在 10%、5%和 1%的统计水平上显著

表 3-49　参与农民农业合作社农户对肥料及使用技术选择的 logistics 分析结果

预测变量	系数	标准误	Wald 值	显著性水平	Exp（B）
性别	1.461	1.118	1.708	0.191	4.311
年龄	-0.330	0.312	1.117	0.291	0.391
文化程度	0.367	0.358	1.053	0.305	1.444
种植规模	0.488**	0.311	2.459	0.017	1.629
人均纯收入	1.486*	0.189	0.282	0.059	1.105
种植时间	0.372	0.464	0.642	0.423	0.689
收入比重	0.281	0.285	0.969	0.325	1.324

（续表）

预测变量	系数	标准误	Wald 值	显著性水平	Exp（B）
生态状况	-1.401*	0.806	3.023	0.082	0.246
政府补贴	-1.637	1.071	2.336	0.126	0.195
交通条件	-0.167	0.331	0.253	0.615	0.847
接受培训	0.803	1.705	0.221	0.638	1.318
信息来源	-0.414	0.645	0.413	0.521	0.661
常数项	5.365	4.927	1.186	0.276	213.756
-2 倍对数似然值	121.133				
整体显著性水平	0.001				
Hosmer-Lemeshow 检验	0.022				

注：*、** 和 *** 分别表示变量在 10%、5%和 1%的统计水平上显著

表 3-50　参与农民农业合作社农户对植物病虫害、动物疫病和其他有害生物防治技术选择的 logistics 分析结果

预测变量	系数	标准误	Wald 值	显著性水平	Exp（B）
性别	0.053	0.673	0.006	0.938	1.054
年龄	-0.002	0.034	0.004	0.953	0.432
文化程度	0.341	0.308	1.223	0.269	1.406
种植规模	0.583**	0.267	4.778	0.029	1.792
人均纯收入	0.102***	0.179	0.322	0.009	1.107
种植时间	0.343	0.322	1.129	0.288	1.409
收入比重	0.455	0.265	2.953	0.086	1.576
生态状况	-1.035*	0.434	0.007	0.093	0.965
政府补贴	-1.074	0.964	1.242	0.265	0.341
交通条件	-0.465	0.314	2.198	0.138	0.628
接受培训	1.263	1.657	0.025	0.874	1.269
信息来源	0.811	0.616	1.735	0.188	0.444
常数项	-0.841	3.496	0.058	0.810	0.431
-2 倍对数似然值	137.626				
整体显著性水平	0.003				
Hosmer-Lemeshow 检验	0.061				

注：*、** 和 *** 分别表示变量在 10%、5%和 1%的统计水平上显著

表 3-51　参与农民农业合作社农户对农产品收获、加工、包装、贮藏、运输技术选择的 logistics 分析结果

预测变量	系数	标准误	Wald 值	显著性水平	Exp（B）
性别	0.814	0.629	1.677	0.195	2.258
年龄	-0.009	0.033	0.068	0.795	0.909
文化程度	0.646	0.305	4.493	0.034	1.908
种植规模	0.385	0.257	2.244	0.134	1.470
人均纯收入	0.144**	0.178	0.000	0.021	0.996
种植时间	0.749	0.376	3.975	0.046	2.115
收入比重	0.125	0.246	0.259	0.611	1.133
生态状况	0.273	0.493	0.308	0.579	1.314
政府补贴	1.132*	0.973	0.018	0.092	1.141
交通条件	1.459*	0.280	2.389	0.042	1.540
接受培训	2.502	21.566	2.203	0.239	1.124
信息来源	-1.294	0.811	2.546	0.111	0.274
常数项	11.576	28 168.566	0.000	1.000	106 541.496
-2 倍对数似然值	141.411				
整体显著性水平	0.001				
Hosmer-Lemeshow 检验	0.003				

注：*、** 和 *** 分别表示变量在 10%、5%和 1%的统计水平上显著

表 3-52　参与农民农业合作社农户对农业投入品安全使用、农产品质量安全技术选择的 logistics 分析结果

预测变量	系数	标准误	Wald 值	显著性水平	Exp（B）
性别	0.505	0.672	0.565	0.452	1.657
年龄	-0.226	0.271	0.696	0.404	0.798
文化程度	1.419	0.355	15.960	0.000	1.134
种植规模	0.682	0.273	6.253	0.012	1.977
人均纯收入	1.556***	0.198	7.903	0.005	0.574
种植时间	0.088	0.334	0.070	0.791	1.092
收入比重	0.164	0.250	0.431	0.511	1.179
生态状况	-0.008	0.446	0.000	0.985	0.992

（续表）

预测变量	系数	标准误	Wald 值	显著性水平	Exp（B）
政府补贴	0.104	0.985	0.011	0.916	1.110
交通条件	0.748	0.305	6.037	0.014	2.113
接受培训	0.982	1.780	0.304	0.581	1.670
信息来源	0.713	0.606	1.382	0.240	2.040
常数项	-10.063	3.602	7.804	0.005	0.000
-2 倍对数似然值	145.774				
整体显著性水平	0.001				
Hosmer-Lemeshow 检验	0.004				

注：*、** 和 *** 分别表示变量在 10%、5%和 1%的统计水平上显著

表 3-53　参与农民农业合作社农户对农田水利、农村供排水、土壤改良与水土保持技术选择的 logistics 分析结果

预测变量	系数	标准误	Wald 值	显著性水平	Exp（B）
性别	0.282	0.591	0.228	0.633	0.754
年龄	-0.237	0.262	0.819	0.365	0.789
文化程度	0.205	0.283	0.524	0.469	1.227
种植规模	0.606	0.254	5.679	0.017	1.833
人均纯收入	2.129**	0.171	0.574	0.049	0.879
种植时间	0.034	0.325	0.011	0.918	0.967
收入比重	0.067	0.236	0.081	0.776	1.069
生态状况	0.130	0.427	0.093	0.761	1.139
政府补贴	-1.146	1.023	1.256	0.262	0.318
交通条件	0.707	0.265	7.113	0.008	2.028
接受培训	2.849	29.774	2.308	0.255	1.158
信息来源	0.558	0.558	0.999	0.318	1.747
常数项	17.700	189.774	0.000	0.999	4.866E7
-2 倍对数似然值	158.627				
整体显著性水平	0.044				
Hosmer-Lemeshow 检验	0.381				

注：*、** 和 *** 分别表示变量在 10%、5%和 1%的统计水平上显著

表 3-54　参与农民农业合作社农户对农业机械化、农用航空、农业气象和农业信息技术选择的 logistics 分析结果

预测变量	系数	标准误	Wald 值	显著性水平	Exp（B）
性别	0.722	0.707	1.045	0.307	2.059
年龄	-0.056	0.080	0.493	0.483	0.945
文化程度	0.847	0.341	6.159	0.013	1.333
种植规模	0.124	0.284	0.189	0.663	1.131
人均纯收入	3.318***	0.198	2.570	0.009	1.375
种植时间	1.256	0.464	7.323	0.007	3.510
收入比重	0.460	0.278	2.732	0.098	1.584
生态状况	0.497	0.595	0.698	0.403	1.644
政府补贴	-0.219	1.049	0.044	0.835	0.803
交通条件	0.499	0.307	2.639	0.104	1.647
接受培训	1.745	245.791	1.715	0.136	1.234
信息来源	11.886	0.856	1.071	0.301	0.412
常数项	6.469	24 500.791	0.000	1.000	644.631
-2 倍对数似然值	118.935				
整体显著性水平	0.000				
Hosmer-Lemeshow 检验	0.016				

注：*、** 和 *** 分别表示变量在 10%、5%和 1%的统计水平上显著

表 3-55　参与农民农业合作社农户对防灾减灾、农业资源与生态安全和能源开发利用技术选择的 logistics 分析结果

预测变量	系数	标准误	Wald 值	显著性水平	Exp（B）
性别	1.089	1.023	1.132	0.287	2.971
年龄	-0.699	0.510	1.881	0.170	0.812
文化程度	1.686	0.751	5.044	0.025	1.400
种植规模	0.568	0.359	2.493	0.114	1.764
人均纯收入	1.147***	0.498	5.308	0.021	0.318
种植时间	0.620	0.420	2.175	0.140	0.538
收入比重	0.071	0.302	0.055	0.814	0.931
生态状况	0.459	0.595	0.596	0.440	1.583

（续表）

预测变量	系数	标准误	Wald 值	显著性水平	Exp（B）
政府补贴	1.767*	0.361	0.129	0.082	1.425
交通条件	-0.485	0.423	1.320	0.251	0.615
接受培训	1.944	1.871	1.080	0.299	1.143
信息来源	20.059	435.171	0.000	0.999	0.000
常数项	38.069	20 102.093	0.000	0.998	3.414E16
-2 倍对数似然值	54.176				
整体显著性水平	0.006				
Hosmer-Lemeshow 检验	0.284				

注：*、** 和 *** 分别表示变量在 10%、5%和 1%的统计水平上显著

参与农民农业合作社农户的技术选择涉及农业生产产前、产中及产后的全部 8 种类型，其主要原因在于合作生产模式下形成的多方位经营格局。进一步来看，8 个回归方程的整体显著性水平均达到了 1%的显著性水平；Hosmer-Lemeshow 检验值中，“农田水利、农村供排水、土壤改良与水土保持技术”和“防灾减灾、农业资源与生态安全和能源开发利用技术”没有达到任何显著性水平，其他技术成果的回归模型和数据拟合度较好。我们依据数据处理结果对参与农民农业合作社农户技术采纳意愿的影响因素进行分析：

（1）农户自身条件特征。①农民的性别。性别在所有回归模型中都不显著，说明性别变量与农户的技术采纳行为关系不大，其原因主要是合作社统一生产和调配生产要素的做法使参与农户的自主经营权有所削弱，因而导致部分变量的影响程度变弱。②年龄。年龄在所有回归模型中的系数都是负值，这说明随着农民年龄的增加，对农业技术的需求逐渐下降。③文化程度。文化程度在各个回归模型中的系数都是正值，表明该变量与技术采纳行为呈正相关关系。进一步来看，参与农民专业合作社农户每增加一岁，对 8 类农业技术的需求分别减少了 42.6%、44.4%、40.6%、90.8%、13.4%、22.7%、33.3%和 40.0%。

（2）农户家庭诱致性因素特征。①种植规模。种植规模在“良种繁育及栽培技术”“肥料及使用技术”“植物病虫害、动物疫病和其他有害生物防治技术”上分别达到了 10%、5%、5%的显著性水平，表明该变量对 3 类技术采纳行为影

响较大。②人均纯收入水平。人均纯收入在所有回归模型中均通过了10%以下的显著性水平，而且数值同为正，这不但表征该变量是影响广大农户技术采用的关键因素，而且随着人均收入水平的提高，农户的技术采纳意愿更为明显。由于合作社内部农户的收入来源包含两个方面，一是按资金、土地等物质性要素的投入比例获取分红，另一部分则是按农户与合作社之间的交易数额进行分配，农户收入水平的提升从侧面反映出其与合作社之间的交易数量较大，而农业技术的施用有利于提升作物产量，为维持大规模产品交易提供了基本的保障。③种植时间。这一变量在8个回归模型中的系数均为正值，表明农户的生产经验越丰富，对技术的需求越旺盛。④收入比重。从系数的符号上看，收入比重与所有农业技术的采纳行为均呈正相关关系，农户专业化程度越高，其农业生产的经营意愿和对技术的需求越强烈。

（3）农业生产环境特征对农技需求意愿的影响。①生态环境状况。该变量的作用效果与其他类型农业经营主体相同，在“肥料及使用技术”“植物病虫害、动物疫病和其他有害生物防治技术”模型中达到了10%的显著性水平且符号为负，这表明随着生态环境的逐步优化，农户对两类技术的需求数量在不断减少。②能否获得政策性优惠或现金补贴。合作社的集体经营模式并不妨碍政府优惠性政策对农户生产的积极影响。具体来看，政府补贴的回归系数为正且通过了“良种繁育及栽培技术”“植物病虫害、动物疫病和其他有害生物防治技术”10%的显著性检验，表明政府扶持能够带动农户技术采纳的积极性。③交通条件。交通条件和地理位置优越的农户能够便利地对农产品进行加工、包装和储存，从而增加相关技术的采纳和使用。

（4）农户信息来源对农技需求意愿的影响。①家庭成员是否参加过农业技术的培训。该变量在所有模型中的回归系数都是正值，优势比分别是1.488%、1.318%、1.269%、1.124%、1.670%、1.158%、1.234%和1.143%，表征参加过技术培训的农户使用8种类型农业技术的概率能够提升48.8%、31.8%、26.9%、12.4%、67%、15.8%、23.4%、14.3%。②农户获得技术服务信息渠道。该变量在所有8个农业技术回归模型中都未达到任何显著性水平，其原因主要是参与农民专业合作社农户获取技术信息的渠道相对单一，大部分人在生产经营过程中仅能接触到合作社内部人员的指导和帮助，与外部媒介交流与沟通的次数十分有限。

五、与农业企业签订订单合同的农户的技术需求意愿及其影响因素分析

在剔除无效问卷之后涉及参与农民专业合作社农户的有效问卷为 93 份，从回归结果中得出，在与农业企业签订订单合同的农户采纳 8 种农业技术影响因素的回归模型中，良种及其繁育、栽培技术、植物病虫害、动物疫病和其他有害生物防治技术和农田水利、农村供排水、土壤改良与水土保持技术选择模型的回归结果通过了 1%的显著性水平检验，肥料及其施用技术、农产品收获、加工、包装、贮藏、运输技术和农业机械化、农用航空、农业气象和农业信息技术选择模型的回归结果通过了 5%的显著性水平检验，农业投入品安全使用、农产品质量安全技术和农业防灾减灾、农业资源与农业生态安全和农村能源开发利用技术选择模型的回归结果通过了 10%的显著性水平检验。在 Hosmer-Lemeshow 检验中，8 种技术：①良种及其繁育、栽培技术。②肥料及其施用技术。③植物病虫害、动物疫病和其他有害生物防治技术。④农产品收获、加工、包装、贮藏、运输技术。⑤农业投入品安全使用、农产品质量安全技术。⑥农田水利、农村供排水、土壤改良与水土保持技术。⑦农业机械化、农用航空、农业气象和农业信息技术。⑧农业防灾减灾、农业资源与农业生态安全和农村能源开发利用技术选择模型的 P 值分别为 0. 258、0. 914、0. 368、0. 152、0. 441、0. 967、0. 541 与 0. 554，均大于 0. 05，表明数据与模型的拟合度较好。通过这两组检验说明了与农业企业签订订单合同的农户的 8 种农业技术选择模型整体适配度较高，模型构建较为理想。

从回归结果来看，影响与农业企业签订订单合同农户采纳良种及其繁育、栽培技术的显著性因素为能否得到政府补贴。该变量的回归系数为正值，优势比是 2. 539，表明变量同良种及其繁育、栽培技术之间呈正相关关系，且在其他条件保持不变的情况下，能够得到政府补贴农户使用技术数量是尚未得到政府补贴农户的 2. 539 倍。

与农业企业签订订单合同的农户采纳“肥料及其施用技术”“植物病虫害、动物疫病和其他有害生物防治技术”和“农业投入品安全使用、农产品质量安全技术”的显著性影响因素同为农产品是否拥有自主品牌和农产品是否拥有产品认证。进一步来看，两种变量在前两项技术回归模型中的优势比分别为 0. 627、0. 312，0. 931、0. 180，而且系数为负，说明拥有自主品牌和产品认证农户采用两类农业技术的数量与其他农户相比，分别减少了 37. 3%、68. 8%、6. 9% 和 82%；两种变量在农业投入品安全使用、农产品质量安全技术回归模型中的优势比分别为 1. 211 和 1. 901，表明拥有自主品牌和产品认证农户采用该技术的数量与其他农户相比，分别增加 21. 1%和 90. 1%。其原因主要在于与农业企业签订订单合同农户的技术选择和使用标准必须严格遵守企业规定，如果企业拥有自主品牌并通过产品认证时，其产品需经过严格检验以保证其品质，那么契约规定下的农户生产就不能随意乱用肥料或其他农药，因此对两类技术的采纳意愿明显下降。从企业角度来看，要保护自己的自主品牌和市场需要以过硬的产品质量为依托，农民的农产品要保证符合企业标准或行业标准，就必须大量使用农业投入品安全使用、农产品质量安全技术，以提高农作物产品质量。

影响与农业企业签订订单合同的农户采纳农产品收获、加工、包装、贮藏、运输技术的显著性因素是文化程度和交通运输条件。两种变量的回归系数均为正值，优势比分别为 1. 637、1. 131。说明在其他条件相同的情况下，每提升一个档次，农户对农产品收获、加工、包装、贮藏、运输技术的采纳数量将分别提高 63. 7%和 13. 1%。

第四章 陕西省农业科技服务体系的实践效果评价——基于供求契合度模型

第一节 供求契合度理论构建

一、供给需求理论

经济学中的供给是指生产者在一定的时期内，在各种可能的价格下愿意并且能够提供出售的某种商品或劳务的数量。在市场上，如果生产者对某种商品或服务有提供出售的能力却没有出售的愿望，或只有提供出售的愿望却没有提供出售的能力，就不能算作供给。需求是指消费者在一定时期内，在各种可能的价格水平下愿意并且能够购买的商品或劳务的数量。同样的，如果消费者对某种商品或劳务有购买的能力却没有购买的意愿，或者有购买的意愿却没有购买的能力，都不能形成有效需求，也不能算作需求。供求关系是指在商品经济条件下，某种商品在供给与需求之间的相互联系而又相互制约的关系，它是生产与消费之间的关系在市场中的反映。

供求理论在研究经济运行机制理论（包括农业经济运行机制理论）中有着非常重要的地位。马克思在阐述供求理论时，虽然没有建立完善的理论体系，但对供给和需求之间的辩证关系还是有着较为明确的论述，主要有以下几点。

一是供给需求关系是商品经济的基本关系。在商品经济中，许多范畴都可以归到供求关系中，例如，商品关系的一些基本范畴，包括生产与消费、商品与货币、价值与使用价值等相互依存又相互对立的概念，一旦将它们与市场相联系，其实际表示出来的就是供求关系。马克思指出，在市场环境中，“相互对立的只是两个范畴：卖者和买者，也就是供给和需求”。在商品的供求关系上又出现了下列关系，第一，卖者和买者之间的关系，商品和货币之间的关系，使用价值和交换价值之间的关系。第二，生产者与消费者之间的关系，且两者也可以由第三者，即商人来代表。

二是供给和需求关系有社会性和阶级性。在商品经济中，供给和需求的关系是具有社会性的，这种性质即决定了供给的方式和结构，也决定了需求的结构。供求社会性的具体体现是供给方与需求方之间的抗衡，在市场关系中这种社会力量的抗衡，其倾斜态势是绝对的，均衡状态则是相对和暂时的，因此就会形成卖方市场与买方市场完全不同的格局。同时，“供给和需求还是以不同阶层和阶级的存在为前提的，各个阶层和阶级在其中间分配他们的社会总收入，并把它当成自己的收入来进行消费，由此形成一种由收入形成的需求。另外，为了理解那种由生产者自身互相形成的供求关系，就需要弄清楚资本主义生产过程的全貌”。也就是说，在市场中商品的需求量取决于购买商品的货币量，而这个货币量则是由一定的分配机制所决定的，这种分配机制又是由一定的社会性质与消费者的阶级地位所决定的。在资本主义私有制的经济关系中，占人口数量绝大部分的劳动者用于购买消费资料的货币在分配中只占相对较小的份额。这种“供求关系”体现出了生产与消费的对立关系，而这也就是凯恩斯所说的“有效需求不足”的根本原因。

本书在农户分化背景下，通过对不同供给主体对农业技术的供给状况与不同类型的农户对不同农业技术的需求情况的分析研究，意在寻求更为合适的农业科技服务方法与模式，从而优化陕西省现行的农业科技服务体系。

二、供求契合度理论

所谓契合度是指一种整体适合的程度或相互平衡的状态，它起源于互动心理学，通过不断的延伸与演变，现已应用于经济、管理学中的很多领域。“供给—

需求契合度”的概念是供给方提供产品与需求方实际诉求之间的相互匹配程度，用以反映供需平衡的一种状态。总体来看，“供给—需求契合度”理论可以被划分为以下两种类型。

（一）不同研究视角下的契合

1. 以价值为主的契合

在“供给—需求契合度”理论中，价值契合是非常重要的一个方面，价值是人类对于自我本质维系与发展的本体，它包括任意的物质形态。供给方提供的产品由其自身价值所支撑，如果需求方对其需求产品价值的感知与供给方所提供的产品价值越相似，那么供需之间的契合程度越高。相反，如果需求方对其需求产品价值的感知与供给方所提供的产品价值不一致时，会干扰需求者对供给方所提供产品的正常认知，使供给与需求契合度越来越差。

2. 以目标为主的契合

需求方被吸引并最终选择供给方所提供的产品是因为他们发现供给目标与需求目标相近。供给目标与需求目标之间的一致性越高，供给与需求的契合度也会越高。当需求方认为其自身的目标与供给方目标相一致时，才会更加积极并深入地了解和采用供给方提供的产品，从而达到他们之间更好地匹配。

（二）不同融合方式下的契合

1. 互补性契合

供给方能够为需求者提供其所需要的产品与保障，同时需求方能为产品供给者提供必要的支撑，就实现了互补契合。互补契合度可以理解为两个方面，即供给—需要和需求—能力。其中“供给—需要”是指当供给方所提供的产品满足需求者的需要和偏好时，则供给与需求之间的契合为良好；“需求—能力”是指当需求方的各种能力（包括支付能力和生产能力等）能够有效满足产品提供者要求时，则供给与需求之间的契合程度较好。

2. 整合性契合

整合性契合是指当供给方和需求方的基本特征相似时所产生的一种相互匹配

的状态。这种契合存在两种情况：一是供给方与需求方至少有一方可以为另一方提供其所需要的资源（包括产品、资金、技术等）。二是供给方与需求方拥有相同或相似的基本特征（价值、目标、文化等）。

到目前为止，虽然没有研究者明确提出系统的供给和需求契合度或匹配理论，但很多文献都提出了在满足需求者对价值、目标及偏好的需求同时也应该考虑供给方对价值与目标的追求，虽然这种观点或思想缺乏系统化，但在一定程度上揭示了建立供给与需求契合度理论的必要性。本书将以下几点作为研究基础。

一是需求方的需求价值是站在需求者角度上来看待的产品和服务的价值，这种价值不是由供给方决定的，而是由需求者自身所决定的。

二是需求方的需求价值是需求者得到的总收益减去其在获得产品或服务时所付出的成本的差值。收益是需求者通过利用产品或服务从而得到的绩效、经验或收入，成本包括需求者对产品或服务在购买和维护上的支出，花费的时间和精力，以及在应用或生产过程中有形与无形的损耗。

三是需求价值是需求者的一种主观需要，需求者对于需求价值的不同驱动因素，使需求价值具有不同的权重，不同的权重使得不同需求者对相同产品所获得的需求价值的感知大为不同，但这种权重会随着时间和情境的变化而变化，致使供给方的价值属性也因此发生变化。

四是对于需求者来说，产品或服务仅仅是达到其目的方法和手段而已，需求的价值在于它对需求者要达到的目标的满足情况，供给方应当超越以产品属性层次为出发点去研发产品或服务的常规做法，而从需求方更深层次的动因入手，分析需求者的真实需要，并发现产品或服务对需求者的真正价值所在。因此，供给方对于需求价值的不同属性要从需求者的最终需要出发，通过分析研究产品需求价值的构成因素而产出的产品或服务，才能与需求方达成良好的契合。

五是契合度即匹配程度，它是指商品的各种属性效用与需求者的需求效用相互适合的程度。商品的属性效用与需求者的需要越重叠，就说明契合度越好，这样商品就会更受欢迎，需求者也会得到更多的满足。所以契合度越高，就越能在降低供给方提供产品或服务的成本同时提升需求方的满意程度，从而减少冗余效用所带来的不必要的浪费。

需求价值用于探析需求方的需求信息与供给方产品或服务价值的契合机制，对该机制的研究有助于供给方更清楚地了解与把握其提供的产品或服务的属性，从而创造出具有高需求价值的商品，使之更好地满足需求方的诉求，最终实现供需之间良好的匹配状态。

前面的论述从技术供给和需求两个维度分别分析了现阶段陕西省农业科技服务体系的现状，并就供需主体的行为特征、技术采纳意愿及影响因素等问题做出了详尽阐述。本部分着力探究农户分化背景下异质类农户技术需求与技术供给之间的均衡程度，通过构建供求契合度模型，对农业科技服务体系的实践运行效果进行评价，最后总结导致异质类农户供需契合度产生差异的原因。

第二节　基于供求契合度模型的农技推广机制运行效果研究

契合理论源于心理学，又被称为个人—环境契合理论，Dawis、Kristof 等人将其描述为环境与个人之间相互匹配或具有一致性、相似性特征的一种关系。作为组织行为学中的重要概念之一，契合理论被引入管理学领域并在人力资源管理和供需均衡研究等方面得到了广泛的应用。Edwards 指出，契合理论在管理学中的应用可以分为两个部分：一是能力—需求契合，二是供给—需求契合，其中后者表示员工从事的工作与自身的期望、偏好以及诉求相吻合。契合度模型的构建正是基于上述理念，将农户的实际现状与期望诉求作对照，进而寻找两者之间的差异。具体来看，契合度模型可以用以下公式进行表示：

$$\frac{\sum_{i=1}^{n}(x_1 + x_2 + x_3 + x_4 + \cdots + x_n)}{n} \tag{4.1}$$

式（4.1）中，x_i 表示第 i 个农户的供求契合度水平，n 代表各类农业经营主体的数量规模。其中，农户供求契合度水平的测度采用对比计算的方法，受访对象依据自身需求状况，选择自己想要的技术类型，同时将实际生产经营过程中能够接触到的技术视为供给现状进行对照，如果自身诉求与供给现状相吻合，则表明该农户的供求契合度水平较高，反之亦然。进一步来看，首先，将异质类农户有关8类农业技术的供给和需求信息分别进行呈现，如果农户在生产经营过程中能够接触并使用某项农业技术，则赋值为1，没有是0，若农户对某一类农业技术有需求意愿，则赋值是1，没有为0。从排列组合的方法角度来看，农业技术的供求匹配度会出现4种不同情况，即供需相等，供过于求，供小于求和供需无效契合。这里规定一种运算法则，只有当供给赋值和需求赋值同为1时，最终的供求契合度才为1，其他情况都是0。其次，算出每一个农户每项推广技术内容供求相等时的情况占8类农业技术的比重，如农户 i 第一种、第二种和第六种的农业技术供需赋值同为1，则他的技术供求契合度为3/8（37.5%）。最后，将不同类型所有农户的技术供求契合度相加，再除以农户数量 n ，得出全部农户技术推广内容的供求契合度。

式中用到的数据均来源于对陕西省西安市的实地调研，共发放问卷总计600份，在剔除部分不合格问卷后得有效样本534户，问卷有效率为89%，其中，小规模农户132份，专业大户92份，家庭农场86份，参与专业合作社农户131份，与农业企业签订订单合同的农户93份。

一、技术推广类型的供求契合度分析

技术推广内容涉及“农业技术推广法”中对农业技术的划分和认定，具体介绍详见表4-1。

表4-1　农业技术的划分及名称

名称代码 / 技术名称	第一类技术	第二类技术	第三类技术	第四类技术	第五类技术	第六类技术	第七类技术	第八类技术
	良种繁育及栽培技术	肥料及使用技术	植物病虫害、动物疫病和其他有害生物防治技术	农产品收获、加工、包装、贮藏、运输技术	农业投入品安全使用、农产品质量安全技术	农田水利、农村供排水、土壤改良与水土保持技术	农业机械化、农用航空、农业气象和农业信息技术	防灾减灾、农业资源与生态安全和能源开发利用技术

（一）小规模农户的农业技术供求契合度评价

总体上讲，现阶段小规模农户技术推广内容的供求矛盾集中表现为有效供给不足和有效需求不足两个方面，如图 4-1 和表 4-2 所示。

图 4-1　小规模农户技术推广内容的供求对比情况

对小规模农户而言，其 8 种农业技术的供求匹配程度差异明显。其中，肥料及使用技术的供给数量大于需求数量，而其余技术类型均处于供小于求的状态。与其他类型农业技术相比，小规模农户对第五类技术、第七类技术和第八类技术的需求意愿明显不足，其原因可能是这 3 类技术的前期投资较大，并且需要较高的文化素质与操作技能作支撑，而这些恰恰是小规模农户所不具备的。进一步来看，以小规模农户对 8 类农业技术需求意愿与供应现状的实际数值为变量进行比较，对比的结果使这种供需契合矛盾表现得更为明显。具体结果见表 4-2。

表 4-2　小规模农户技术推广内容的供求状况

	第一类技术	第二类技术	第三类技术	第四类技术	第五类技术	第六类技术	第七类技术	第八类技术
需求意愿	78	69	77	39	26	56	21	38
供给现状	75	87	76	22	15	34	17	12
供需比	96.2%	126.1%	98.7%	56.4%	57.7%	60.7%	81%	31.6%

技术推广内容的供需比是技术供给现状与需求意愿之间的比值，数值越接近 100%，表征两者之间的匹配度越高。可以看出，小规模农户第三类农业技术的

供求匹配程度最高，供求差仅为 1.3%，而最后一类技术的供需比仅为 31.6%，供求差高达 68.4%，说明技术的供需矛盾较为突出。需要强调的是，供需比只能从总体角度探究技术的供求情况，供给和需求的累加数据并没有在供求契合的基础上进行呈现，也就是说这种做法无法客观真实地反映农业生产中农户需求与现实供给之间的差距。为解决这一问题，方便不同类型农业技术供求契合程度的横向比较，有必要对小规模农户技术推广内容的供求契合度加以计算和说明。

依据供求契合度模型和计算方法，利用 Excel 对小规模农户有关技术推广内容的供求契合度水平进行测度，具体结果参见表 4-3。

表 4-3　小规模农户的技术推广内容供求契合度统计

	第一类技术	第二类技术	第三类技术	第四类技术	第五类技术	第六类技术	第七类技术	第八类技术
供求契合数	49	28	23	7	4	11	2	5
供求契合度	37.1%	32.5%	26.7%	7.6%	4.3%	12%	2.2%	5.4%
总体契合水平				16%				

结果显示，全部小规模农户技术推广内容的供求契合度为 16%，有一半的供求契合水平低于 10%，其中第七类技术的数值仅为 2.2%。这表明小规模农户技术推广内容的整体供求契合度不高，其原因在于科研推广单位多头管理，条块分割严重、技术要素配置不合理和农户数量众多但经营规模过小等诸多方面。

通过表 4-3 并结合上述研究可以发现，前三类农业技术的供求契合数相对较高，需求和供给的绝对数值较大且供求差距小，这一方面反映出这 3 类技术在小规模农户生产经营过程中的使用频率很高，另一方面表明技术的供求机制运行良好，基本处于一种稳定均衡的状态。究其原因可以归结为以下两点：首先，这 3 类技术在日常生活和农业生产中的使用较为普遍，技术本身的可操作性较强，对农户技能与素质的要求不高，这是导致技术需求旺盛的主要原因。其次，这 3 类技术的施用对象多为大田类种植作物，如玉米、水稻、小麦等，这些农产品通常涉及粮食安全和社会稳定，因此，以政府为主导的农业技术推广主体对此类技术的供应相对充足。此外，供求契合度较低的技术是防灾减灾、农业资源与生态安全和能源开发利用技术，农产品收获、加工、包装、贮藏、运输技术，农业投入品安全使用、农产品质量安全技术，在今后的农技推广过程中应加强对上述3类技术的供给数量，进一步缩小供需比例。

（二）专业大户的农业技术供求契合度评价

与小规模农户相比，专业大户在经营方式、土地规模和雇用行为等方面表现出一定差异，对技术推广内容的选择同样具有偏向性，因此，专业大户有关农业技术供求契合程度将有所不同。首先对专业大户8种不同类型农业技术的供求匹配水平进行分析，如图4-2和表4-4所示。

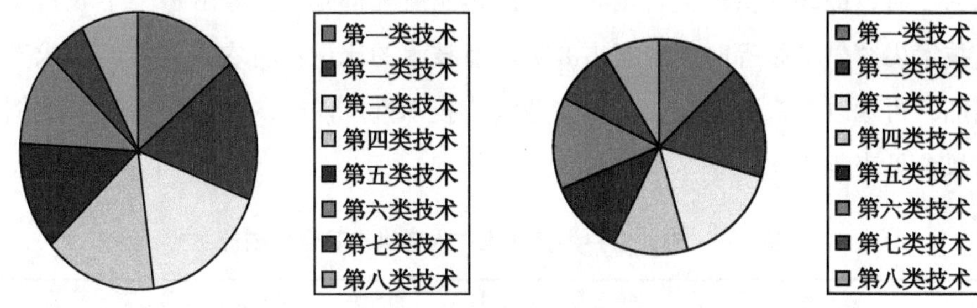

图4-2 专业大户技术推广内容的供给和需求情况

表4-4 专业大户技术推广内容的供求状况

	第一类技术	第二类技术	第三类技术	第四类技术	第五类技术	第六类技术	第七类技术	第八类技术
需求意愿	43	49	52	46	38	34	16	23
供给现状	46	63	59	41	43	51	33	31
供需比	107.0%	129.6%	113.4%	89.1.%	113.2%	150.0%	183.3%	134.8%

专业大户前五种技术推广内容的供求匹配程度较好，供求差不超过的30%，第一类农业技术的供求匹配度最高，距最优状态仅差7%。需要强调的是，除农产品收获、加工、包装、贮藏、运输技术的需求数量大于供给数量，而其余技术类型均处于供大于求的状态，这反映出现阶段农业技术研发和推广机构对专业大户的扶持力度较大，或者是说较为关注此类型农业经营主体的发展，使得8类技术的供给几乎全部过量。但从另一角度来看，过量供给状态下透析出来的是专业大户对于技术成果有效需求不足的问题。如果以农户分化的演变趋势为视角进行

分析，专业大户的形成依赖于农村市场经济的完善和土地流转的制度化构建，但作为分化过程中的低层次阶段，其经营行为和生产目标依然保有小规模农户的特征，生产运营的组织化程度较低，并以一种规避心态对待技术采纳的风险，由此导致了专业大户有关农业技术的有效需求不足。

为进一步探究专业大户的供求契合情况，需要借助相关调研数据并通过契合度模型对其进行测度，具体步骤为：首先计算全部专业大户技术推广内容的供求契合度。如果农户在生产经营过程中使用某项农业技术，则赋值为 1，没有是 0。若农户对某一类农业技术有需求意愿，则赋值是 1，没有为 0，只有当供给和需求同为 1 时，最终的供求契合度才为 1，其他情况都是 0；算出每一个农户每项推广技术内容供求相等时的情况占 8 类农业技术的比重；将农户的技术供求契合度相加，再除以农户数量 n，得出专业大户技术推广内容的供求契合度。数据处理结果参见表 4-5。

表 4-5　专业农户的技术推广内容供求契合度统计

	第一类技术	第二类技术	第三类技术	第四类技术	第五类技术	第六类技术	第七类技术	第八类技术
供求契合数	34	36	38	23	15	14	3	3
供求契合度	36.9%	39.1%	41.3%	25.0%	16.3%	15.2%	3.3%	3.3%
总体契合水平	22.5%							

专业大户 8 类农业技术的供求契合度水平与小规模农户相比有所提升，所有农户的总体契合水平达到了 22.5%，有接近 1/4 的专业大户在生产经营过程中实现了供求平衡。从单个农业技术的契合程度来看，专业大户在植物病虫害、动物疫病和其他有害生物防治技术上的供求契合水平最高，其值为 41.3%，前 4 类农业技术的供求契合度均超过了 25%。此外，专业大户对后两类技术（农业机械化、农用航空、农业气象和农业信息技术，防灾减灾、农业资源与生态安全和能源开发利用技术）的契合数值很低，仅为 3.3%。产生这一现象的主要原因是两类技术成果供给和需求数量较少：一方面技术的科技含量高，购置价格相对昂贵，专业大户的采纳意愿不明显，另一方面研发机构针对专业大户两类技术的要素投入有限，再加上农技推广体制的不健全，使得技术供给呈现出相对不足的

状况。

（三）家庭农场的农业技术供求契合度评价

与小规模农户和专业大户相似，家庭农场同样以“户”为单位，将家庭成员视为基本劳动力，在生产经营过程中表现出商品化、集约化和规模化的特征。由于家庭农场在陕西省仍属新生事物，注册和认证工作正处于起步阶段，对其技术诉求和采纳意愿的研究也相对较少。在此背景下，通过描述家庭农场有关农业技术的供求现状，利用供求契合度模型探究现阶段此类型农业经营主体的供求契合水平。

依据调研问卷反映的情况，首先对家庭农场8种不同类型农业技术的供求现状和匹配程度进行分析，如表4-6和图4-3所示。

表4-6　家庭农场技术推广内容的供求状况

	第一类技术	第二类技术	第三类技术	第四类技术	第五类技术	第六类技术	第七类技术	第八类技术
需求意愿	78	79	76	57	49	46	44	21
供给现状	56	58	49	43	51	36	34	39
供需比	71.8%	73.4%	64.5%	75.4%	104.1%	78.3%	77.3%	185.7%

通过上述图表可以看出，家庭农场技术推广内容的供求匹配程度不甚理想，一半以上农业技术的供需差超过了25%，尤其是植物病虫害、动物疫病和其他有害生物防治技术的供需比仅为64.13%，差额达到了35.87%，农户的有效需求无法得到有效满足。全部8类技术中，仅有农业投入品安全使用、农产品质量安全，防灾减灾、农业资源与生态安全和能源开发利用两类技术的供给量大于需求量，其余技术的需求数远远低于供给数。其原因可以归结为以下两点：首先，家庭农场的经营模式和发展方向仍处于摸索阶段，农业技术研发人员和推广人员对该经营主体技术需求情况掌握不足。其次，家庭农场的生产规模普遍较大，对于农业技术的需求数量也随之增加，尤其是对后3类技术的需求同小规模农户和专业大户相比有明显提升，因此技术的需求暂时无法得到满足。

为进一步探究家庭农场的供求契合情况，需要借助相关问卷并通过契合度模

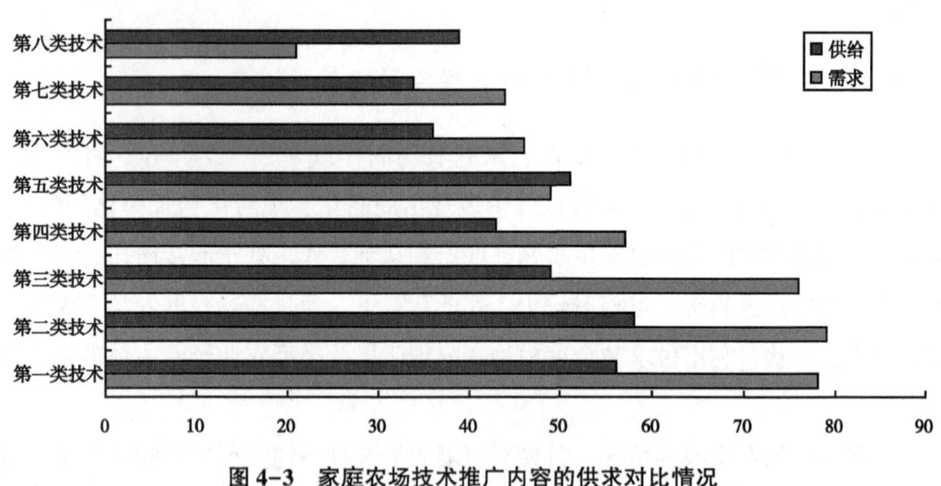

图 4-3　家庭农场技术推广内容的供求对比情况

型对其进行测度，具体结果见表 4-7。

表 4-7　家庭农场的技术推广内容供求契合度统计

	第一类技术	第二类技术	第三类技术	第四类技术	第五类技术	第六类技术	第七类技术	第八类技术
供求契合数	41	34	43	25	21	15	14	5
供求契合度	47.70%	39.5%	50.0%	29.1%	24.4%	17.4%	16.2%	5.8%
总体契合水平	28.8%							

整体来看，全部 86 个家庭农场的总体契合水平为 28.8%，比小规模农户和专业大户的总值分别提高了 12.8%和 6.30%。鉴于家庭农场大多数是由专业大户演变而来，在技术选择和诉求表达方面呈现出一种传承性特征，因此两类农业经营主体技术推广内容供求契合度的差异不大。具体而言，家庭农场前四类农业技术的供求契合值均超过了 25%，其中“植物病虫害、动物疫病和其他有害生物防治技术”的供求契合水平最高（数值为 50%），这与专业大户的情况都十分相似。所不同的是，首先家庭农场所有 8 类农业技术的供求契合指数都有一定提升，尤其是“农业投入品安全使用、农产品质量安全”“农田水利、农村供排水、土壤改良与水土保持”“农业机械化、农用航空、农业气象和农业信息”三类技术的契合数都大于 15%，这一方面说明该经营主体的施用技术领域不断扩

展，所用技术成果自身的科技含量也在提高，另一方面反映出供给方对家庭农场的重视和扶持，人力资源和物质资金投入的倾向性逐步显现。需要强调的是，家庭农场最后一类农业技术的供求契合度为5.80%，仅有5位农户实现了供需平衡。从技术的供求现状来看，有21家农场对此技术表现出了需求意愿，而且供给方的技术供应量却多达39项，也就是说存在“农场想要但没有技术供应，农场没有需求但又存在技术供给”的尴尬局面。

（四）专业合作社的农业技术供求契合度评价

专业合作社是为应对单个农户在市场竞争中因信息不对称而面临的经营压力和生产风险，减少交易成本并追求规模效益而自愿形成的一种组织类型。专业合作社可以被视为一种“技术交易俱乐部”，由于实行风险共担和利益共享机制，使得专业合作社成员在俱乐部内部能够充分地进行交流与合作，技术信息的传递速度较快，科技成果的选择和利用也更具针对性。此外，专业合作社的聚集效应能够帮助其在技术交易过程中拥有更多的话语权，供给方特别是私有企业会更加注重专业合作社及其内部成员的各种诉求，因此从农业技术的供求角度预测，专业合作社的供求契合水平将持续提升。

依据调研问卷反映的情况，首先对专业合作社不同类型农业技术的供求现状进行分析，如表4-8和图4-4所示。

表4-8　专业合作社技术推广内容的供求状况

	第一类技术	第二类技术	第三类技术	第四类技术	第五类技术	第六类技术	第七类技术	第八类技术
需求意愿	107	112	102	56	65	63	38	29
供给现状	113	127	119	78	82	89	59	43
供需比	105.6%	113.4%	116.6%	139.3%	126.2%	141.3%	155.3%	148.3%

可以发现，专业合作社全部8类技术的供给量大于需求量，其中“农业机械化、农用航空、农业气象和农业信息技术”的供需比高达155.3%，而供需比例最为接近的“良种繁育及栽培技术”的供需差为5.6%，8类技术的平均供给量大于需求量约30百分点。从图4-4中可以清楚地看出，前3类技术成果的供求

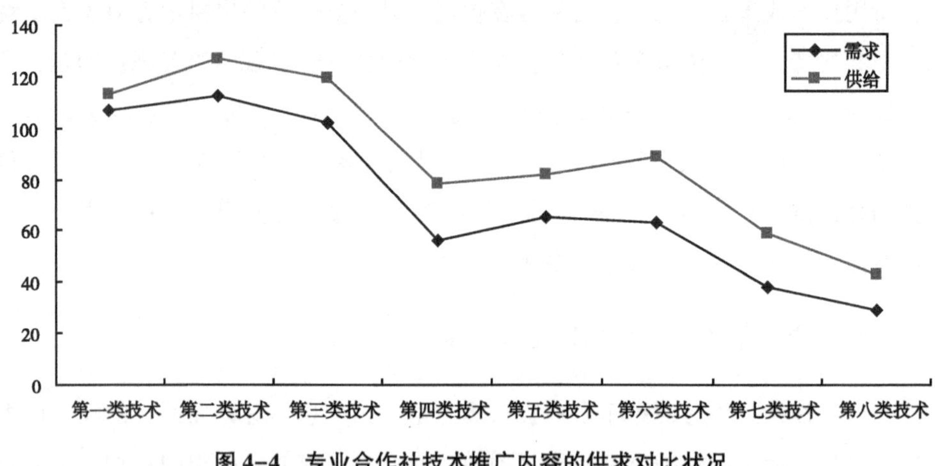

图 4-4　专业合作社技术推广内容的供求对比状况

匹配度相对较高，而且从第一类技术到第八类技术的供给和需求数量呈现出逐步下降的趋势。

对专业合作社技术推广内容的供求契合度评价同样需要借助供求契合度模型和相关原理，具体结果详见表 4-9。

表 4-9　专业合作社技术推广内容的供求契合度统计

	第一类技术	第二类技术	第三类技术	第四类技术	第五类技术	第六类技术	第七类技术	第八类技术
供求契合数	82	76	72	36	43	46	22	19
供求契合度	62.6%	58.0%	55.0%	27.5%	32.8%	35.1%	16.8%	14.5%
总体契合水平	37.8%							

全部 131 个专业合作社技术推广内容的总体契合水平为 37.8%，比小规模农户、专业大户及家庭农场的供求契合指数分别提升了 21.8%、15.3%和 9%。从单个农业技术的供求契合度来看，前 3 类技术成果的契合指数高达 55%以上，其中第一类农业技术的数值为 62.6%。由于合作社内部成员多数由小规模农户构成，因此专业合作社 8 种不同类型农业技术的供求契合度与小规模农户的整体状况相类似，但在契合水平上有较大提升。

（五）农业企业的农业技术供求契合度评价

农业企业是指从事农林牧副渔等生产经营活动，具有自主经营、独立核算、和商品化生产特征的经济组织。与上述四类农业经营主体有所不同，农业企业本身具有一定技术研发能力，也就是说企业既是技术的供给主体，同时也是需求主体。可以肯定的是，农业企业在技术发明和创新的过程中会将自身技术需要予以充分考量，这在某种程度上促进了技术供求两方面的匹配与契合。当然除自有研发能力外，农业企业仍需引进其他类型技术成果，这部分技术能否在满足农业企业的诉求和条件将是人们重点关注的问题。

农业企业 8 种不同类型农业技术的供求现状和匹配程度，详见表 4-10 和图 4-5 所示。

表 4-10　农业企业技术推广内容的供求状况

	第一类技术	第二类技术	第三类技术	第四类技术	第五类技术	第六类技术	第七类技术	第八类技术
需求意愿	79	73	69	66	49	38	55	34
供给现状	75	77	58	51	62	68	34	39
供需比	94.82%	105.5%	84.1%	77.2%	126.5%	179.0%	61.8%	114.7%

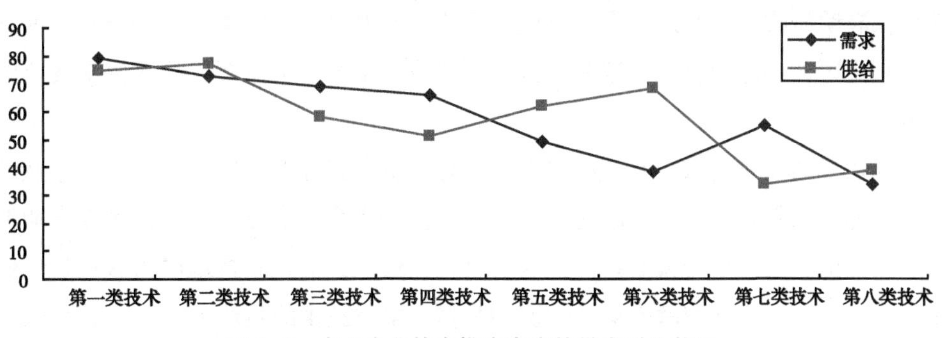

图 4-5　农业企业技术推广内容的供求对比状况

从图 4-5 中可以直观地看出，8 种类型农业技术供过于求和供小于求的情况各占一半，供需比接近最优状态的技术类型为“良种繁育及栽培”，供需差仅为 5.18%；距离最远的农业技术为“农田水利、农村供排水、土壤改良与水土保持”，供需差为79%。由于农业企业的经营范围较为广泛，因此其施用农业技术的种类也十分宽泛。与其他农业经营主体相比，农业企业的“供给曲线”和“需求曲线”相对平缓，表明它在技术选择和使用过程中无明显偏好，这一点在后4种类型农业技术中表现得更为明显。

进一步来看农业企业有关技术推广内容的供求契合度，如表4-11所示。

表4-11　农业技术推广内容的供求契合度统计

	第一类技术	第二类技术	第三类技术	第四类技术	第五类技术	第六类技术	第七类技术	第八类技术
供求契合数	56	60	51	36	30	26	18	14
供求契合度	60.2%	64.5%	54.8%	38.7%	32.3%	28.0%	19.4%	15.1%
总体契合水平	39.1%							

调查区域范围内93家农业企业的总体契合水平为39.1%，是全部五类农业经营主体中契合指数最高的。单从某一类型技术的角度来看，农业企业“农田水利、农村供排水、土壤改良与水土保持”“农业机械化、农用航空、农业气象和农业信息”和“防灾减灾、农业资源与生态安全和能源开发利用”3类技术的供求契合水平有明显提升。其原因一方面是农业企业以盈利为目的的经营方针和商品化运营模式使其业务范围不断扩展，因此对不同技术成果的需求呈现多样化特征；另一方面农业企业的资金和人力资源相对丰富，对技术要素的购买力和使用效率都有明显改观。此外，农业企业以现代化发展模式为蓝本，对农业技术的选择和利用更加严谨和科学，这些因素促进了该类型经营主体有关技术供求契合的有效提升。

通过总结异质类农户有关技术推广内容的供求契合度可以发现，新型农业经营主体的供求契合指数相对较高，尤其是专业合作社和农业企业的技术需求能够得到很好的满足；小规模农户的供求契合指数最低，而且其技术供给数量远远低于需求；专业大户与家庭农场的情况相类似，多数技术的供给大于需求，反映出供给方对两类经营主体的重视。

二、技术推广渠道供求契合度分析

在对比异质类农户有关技术需求意愿和供给现状的基础上，通过构建供求契合度模型对异质类农户不同类型农业技术的供求契合水平进行测度。值得注意的是，农业技术推广效率的评价标准除参照技术本身的供求契合外，其传递途径和扩散方式也是需要关注的内容。对农技推广路径的供求契合研究有利于辨识异质类农户的技术获取渠道，了解其能够掌握的信息接收方式，进而实现技术成果的迅速传递和高效利用。

通过总结发现，农户获取技术信息的途径主要为自己摸索、农资经销商、政府技术研推机构、专业合作社、邻居与亲戚朋友等，而依靠自身经验总结是其现阶段获取技术的第一渠道，或者称为主渠道。需要指出的是，这些结论都是在农户同质化基础上得出的，异质类农户对技术传播途径的选择是不一样的，因此需要将此问题置于农户分化这一大背景下进行考量。以数据可得性和现实指导性为原则，甄选技术人员现场指导、广播、电视、网络、邻居或专业合作社、农资供应商等6种技术获取途径。从农业技术推广角度，通过对比异质类农户技术获取途径的供求契合，寻找适合异质类农户的不同途径，以保证农技推广机制得以顺利运行。虽然大部分农户，尤其是小规模农户农业技术的获取途径主要为祖辈传承和自我总结，但这显然不是政府或私有推广部门所能实现的，因而不将其纳入研究范畴。

首先来看异质类农户获取农业技术渠道的总体特征。农户分化背景下，以专业大户、家庭农场、专业合作社和农业企业为主的新型农业经营主体不断涌现，再加上传统的小规模兼业农户共同构成了现阶段农业生产经营活动的主力军。由于在对待风险偏好和资源禀赋占有等方面存在差距，因此，异质类农户的获取技术途径也将有所不同。如图4-6和图4-7所示。

小规模农户推崇的农业技术推广途径依次为技术人员现场指导、电视、邻居或专业合作社、农资供销商、广播和网络，各途径分别占总人数的82.6%、22.7%、21.9%、18.9%、14.4%和10.6%。需要强调的是，农户对调研问卷中出现的问题可以至少选择一项，因此各个结果占总数的比重会超过100%。现阶段小规模农户接受的技术推广途径排列次序为电视、广播、农资经销商、邻居或专业合作社、网络及技术人员现场指导。专业大户希望获取农业技术途径的顺序是现场指导、邻居或专业合作社、农资供应商、网络、广播和电视，而现实排序

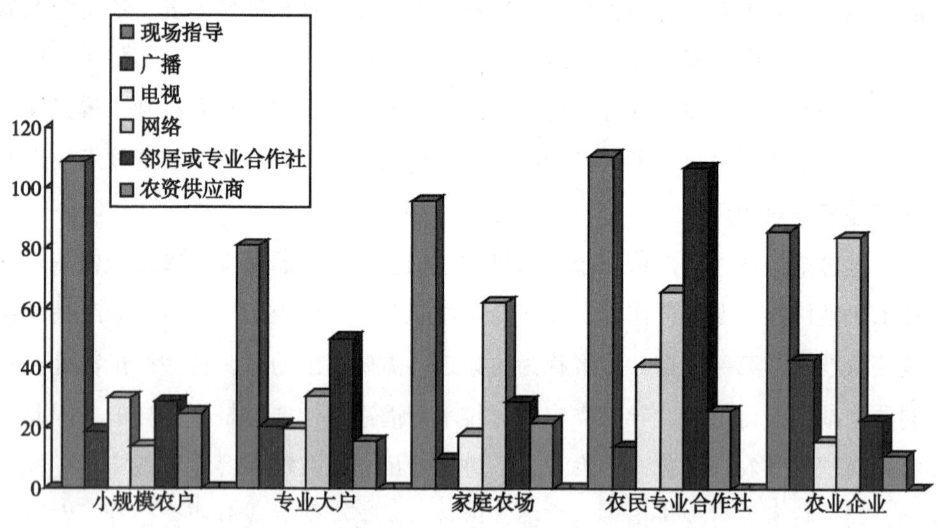

图 4-6　异质类农户技术推广途经的需求对比状况

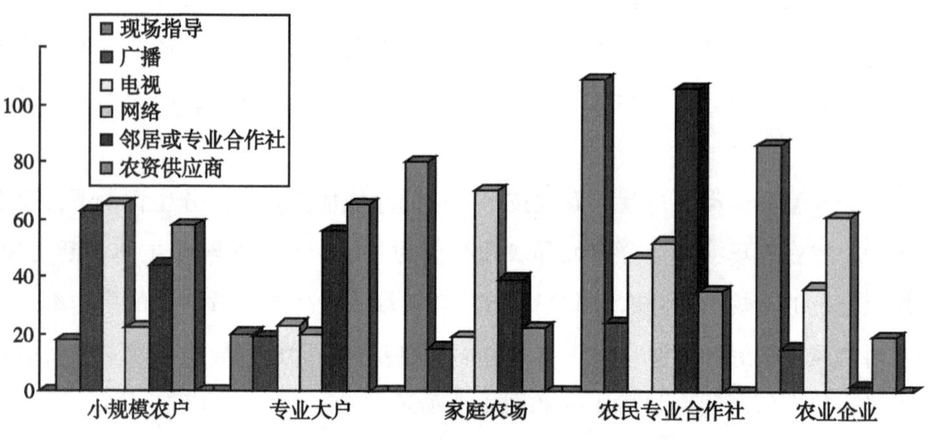

图 4-7　异质类农户技术推广途经的现状对比情况

依次为农资经销商、邻居或专业合作社、电视、技术人员现场指导、网络和广播。家庭农场有关技术推广最优途径的期望次序是技术人员现场指导、网络、邻居或专业合作社、农资供应商、电视和广播，其中前 3 类途径各占总人数的 88.4%、72.1%和 33.7%；从技术获取途径的现状来看，现场指导、网络、邻居和专业合作社、农资供应商分别排在前四位，其中，现场指导这一途径约占总人数的93.0%。专业合作社内部成员对最优技术推广途径的偏好排序为技术人员现场指导、专业合作社、网络、电视、农资供销商和广播，各途径分别占总人数的84.7%、81.7%、50.4%、31.3%、19.8%和10.7%；专业合作社现阶段获取技术信息的途径集中于现场指导和专业合作社内部信息交流两种方式，而对其他途径的采纳意愿不够明显。农业企业最为期望的技术获取途径包含技术人员现场指导和网络两种类型，而现实中的技术获取途径主要为现场指导，约占总人数的92.4%。

将农户细分成5类不同经营主体的结果是部分主体既是推广途径的研究对象，又成为其他类型农户的需求对象，这一点在专业合作社上体现得尤其明显。在实际农业生产中，异质类农户之间保持着密切地交流与合作，甚至存在一种隐性的依附关系。例如，小规模农户受资金、土地规模和劳力等因素制约，对技术及其传递路径的诉求表现出“盲从”的特征，他们更愿意相信邻居、村中能人或专业种植大户。

从总体上看，所有农业经营主体最为推崇的农技推广途径为农技推广人员现场指导，农户对该类推广途径的偏好从另一方面暴露出现阶段陕西省农业科技服务体系中存在的缺陷，基层农技推广工作中“最后一公里”的问题仍然没有解决。网络已经成为广大农民获取技术信息的新途径和重要来源，尤其对家庭农场、农业合作社和农业企业等新型农业经营主体而言，网络的出现改变了传统技术获取方式，反映出互联网时代对农业生产经营的变革。作为人际传播的重要组成部分，邻居和专业合作社是小规模农户获取信息的重要途径。依据恰桦的研究，人际传播可以被细分成业缘人际传播、地缘人际传播和血缘人际传播3种类型，其中业缘人际传播是指与从事同样生产经营领域的人进行沟通的方式，地缘人际传播是邻居或其他农民合作组织之间的交流，血缘人际传播是亲戚之间的信息传递，而地缘关系是农民最能接受的技术传递途径。电视、广播和农资经销商等技术传播途径的利用频率不高，农户对其诉求也不是十分明显。

与分析农户技术推广内容的供求评价步骤相同，为客观真实地反映异质类农户技术传播途径需求与现实状况之间的差距，有必要利用供求契合度模型对相关数据进行测度和说明，以方便不同技术推广途径契合程度的横向比较。有关农户农技推广途径的供求契合度模型介绍如下：契合度模型可以用以下公式进行表示：

$$\frac{\sum_{i=1}^{n}(x_1 + x_2 + x_3 + x_4 + \cdots x_n)}{n} \tag{4.2}$$

式（4.2）中，x_i 表示第 i 个农户农技推广途径的供求契合度水平，n 代表各类农业经营主体的数量规模。其中，农户供求契合度水平的测度采用对比计算的方法，受访对象依据自身需求状况，选择自己所需要推广途径，同时将实际生产经营过程中能够接触到的途径视为供给现状进行对照，如果自身诉求与供给现状相吻合，则表明该农户推广途径的供求契合度水平较高，反之亦然。进一步来看，首先，将异质类农户有关 6 种农业技术推广途径的需求与现状信息分别进行呈现，如果农户在生产经营过程中能够接触某类技术推广途径，则赋值为 1，没有是 0，若农户对某一类农业技术推广途径有需求意愿，则赋值是 1，没有为 0。这里同样规定一种运算法则，只有当现状赋值和需求赋值同为 1 时，最终的供求契合度才为 1，其他情况都是 0。其次，算出每一个农户每项推广技术内容供求相等时的情况占 6 种农业技术推广途径的比重，最后，将不同类型农户的技术推广途径供求契合度相加，再除以农户数量 n 。数据处理结果详见表 4－12 至表 4-16。

表 4-12　小规模农户农技推广途径的供求契合度统计

	现场指导	广播	电视	网络	邻居或专业合作社	农资供应商
供求契合数	6	10	16	5	39	19
供求契合度	4.5%	7.6%	12.1%	3.8%	29.5%	14.4%
总体契合水平				12.0%		

表 4-13　专业大户农技推广途径的供求契合度统计

	现场指导	广播	电视	网络	邻居或专业合作社	农资供应商
供求契合数	7	8	9	12	34	48
供求契合度	7.6%	8.6%	9.8%	13.0%	36.9%	52.2%

（续表）

	现场指导	广播	电视	网络	邻居或专业合作社	农资供应商
总体契合水平				21.4%		

表 4-14　家庭农场农技推广途径的供求契合度统计

	现场指导	广播	电视	网络	邻居或专业合作社	农资供应商
供求契合数	30	6	5	46	11	7
供求契合度	34.8%	6.9%	5.8%	53.4%	12.7%	8.1%
总体契合水平				20.3%		

表 4-15　专业合作社农技推广途径的供求契合度统计

	现场指导	广播	电视	网络	邻居或专业合作社	农资供应商
供求契合数	62	5	10	17	46	10
供求契合度	47.3%	3.8%	7.6%	12.9%	37.4%	7.6%
总体契合水平				19.4%		

表 4-16　农业企业农技推广途径的供求契合度统计

	现场指导	广播	电视	网络	邻居或专业合作社	农资供应商
供求契合数	65	4	10	32	3	5
供求契合度	69.9%	4.3%	10.8%	34.4%	3.2%	5.3%
总体契合水平				21.3%		

首先对小规模农户农技推广途径的供求契合度进行分析。从整体上看，小规模农户有关推广途径的契合指数为12%，是5种类型农业经营主体中最低的。这一方面说明推广主体严重忽视此类农户技术传递中的途径选择意愿，难以针对他们的需求做出适当调整；另一方面反映出小规模农户对推广途径意愿的表达能力十分欠缺。具体而言，小规模农户在邻居或专业合作社、农资经销商两类技术推广途径上的供求契合指数相对较高，但其最为推崇的技术人员现场指导这一途径的契合指数仅为4.5%，也就是说基层农技推广体系中“线断、网破、人散”的窘境仍然没有改观。小规模农户获取技术的途径集中于传统的人际传播，对于以

网络为代表的现代化信息传播方式利用程度较低。

专业大户农技推广途径的总体契合水平相对较高，数值为21.4%，契合指数最高的技术推广途径为农资经销商。农资经销商除从事农资交易活动，还在一定程度上发挥了技术推广的功能，这种功能性角色产生的价值通常包含在技术商品之中。从农资经销商的角度来看，专业大户的农资需求规模较大，而且所需技术的商品性特征明显，因此为招揽“大客户”，农资经销商对专业大户的“售后服务”（实质上充当了农技推广的角色）力度有所加强，再加上公益性农技推广力量薄弱，使得专业大户更倾向于采纳农资经销商这一推广途径从事农业生产经营活动。

家庭农场农技推广途径的总体契合指数与专业大户水平相当，数值为20.3%，这再次印证了家庭农场大多数是由专业大户演变而来，在生产特征和经营模型选择方面呈现出一种传承性特征的结论。进一步来看，家庭农场在网络这一技术推广途径中的契合水平排在首位，达到了53.4%，表明农场主对现代化通讯工具的重视和高效利用。在调查过程中可以发现，90%以上的家庭农场配有电脑并有互联网接入，他们通常将自己的需求信息利用互联网进行发布，或者把生产过程中遇到的问题和困惑通过QQ、MSN等即时通信工具提交到相关专家手中，争取在最短的时间内予以解决。相对应的是，家庭农场对电视、广播等传统推广途径的使用频率不高，仅分别占总数的5.8%和6.9%。

专业合作社和农业企业农技推广途径的总体契合水平分别是19.4%和21.3%，在全部5类农业经营主体中的排名靠前。专业合作社契合度较高的农技推广途径是技术人员现场指导和专业合作社自身提供的技术服务，各占总数的47.3%和37.4%。从参与合作社农户的角度来看，专业合作社内部的技术选择和使用能够符合他们的生产需要，相应的技术指导也更加中肯，对其依赖表现在产前、产中和产后的各个阶段。农业企业在技术人员现场指导和网络途径下的供求契合指数最高，数值分别为69.9%和34.4%。一方面，农业企业在生产运营过程中遇到的技术难题由企业专门聘请的技术人员进行现场指导；另一方面对于生产要素，特别是物化类农业技术的交易行为则主要通过互联网络，包括需求信息发布、供给主体选择、远程交易在内的环节都可以利用网络实现。

第三节　农业技术供求契合度模型结果评析

通过上述研究表明，包括小规模农户、专业大户、家庭农场、农民专业合作社和农业企业在内的异质类农户有关技术内容的供求契合程度存在显著性差异。具体而言，小规模农户对 8 种农业技术的供求契合水平仅有 16%，有一半以上技术的供求契合度低于 10%，而良种繁育及栽培技术的供求契合水平值最高；有接近 1/4 的专业大户在生产经营过程中实现了供求平衡，契合水平较高的农业技术主要涉及肥料及使用，植物病虫害、动物疫病和其他有害生物防治等；家庭农场有关技术内容的总体契合水平为 28. 8%，在良种、化肥和病虫害等技术上的契合程度较高；与前面 3 类农业经营主体相比，专业合作社和农业企业的内部供给机制使得其技术供需契合水平相对较高，分别达到 37. 8%和 39. 1%。

从总体情况来看，异质类农户有关技术内容的供求契合程度普遍不高，尤其是小规模农户的技术供求状况令人担忧，而导致该问题出现的主要原因可以归结为供给结构性过剩和有效需求不足两个方面。进一步来看，农业技术供给的结构性过剩集中表现为农民现实需求与政府供给意愿之间的偏差。政府对农业技术研发和推广环节投入的根本原因在于保障农产品基本供应，维护社会稳定，这种社会公共利益维护者的角色使得其主要关注粮食产量最大化的科技成果；而广大农民作为独立的农业生产经营单位，他们对农业技术选择的初衷是最大程度上提高家庭收入，即收入最大化目标驱使下的技术采纳行为，政府与农民之间生产目标的异质性使双方的供求状态形成巨大反差。有效需求不足是指农民对相关技术的采纳意愿不强烈，而技术信息传递通道不畅、农业生产外溢效益明显、农民素质普遍偏低是导致这一结果的主要原因。总之，现阶段农业技术供求契合水平较低的原因存在于广大农民和政府两个行为主体之中，而供求矛盾将对农业生产效率、农民收入水平和农村经济社会的发展繁荣产生十分不利的影响。

除农业技术内容外，5 种类型农业经营主体技术获取途径的供求契合水平同样有所不同。小规模农户、专业大户、家庭农场、农民专业合作社和农业企业的推广途径契合指数分别为 12. 0%、21. 4%、20. 3%、19. 4%和 21. 3%。可以看出，小规模农户有关推广途径的契合水平偏低，而且其最为推崇的“技术人员现场指导”这一途径的契合指数仅为 4.5%；其他 4 类经营主体的契合指数相差不大，但他们对于技术推广途径的需求意愿存在差距，其原因主要表现为经营规模、生产目标、资源占有数量等诸多方面。

以上研究结果的启示意义在于依照异质类农户的农业技术需求特征及其推崇的传递途径，有针对性地利用恰当的方式向其提供最为需要的技术成果。农户分化背景下的农业经营主体在技术采纳、信息获取途径、供给主体选择、需求反馈方式等方面表现出不同诉求，而如何在了解这些诉求的基础上缩小供求差距，化解需求信息传递不畅的困境，将是实现推广资源最优配置、提高农技推广效率的核心和关键。

第五章 陕西省农业科技服务体系优化措施

通过对陕西省农业科技服务体系各个维度的研究，实现农业科技服务体系的顺利运行，应从推广机构改革、农业财政投入、农村市场建设、推广主体培育、推广队伍稳定、农民素质提升、服务机制完善、推广方法创新、法律法规引导等诸多方面进行改革，是一项较为复杂的系统工程。为提高陕西省农业技术推广效率，促进技术成果供给与需求的高度契合，从外部环境和内部机制两个维度，进一步探究陕西省农业科技服务体系优化的具体实现路径。

第一节 外部环境的完善

一、完善农业技术服务体系的法规与政策

农技推广法规是指国家权力部门或行政机构颁布的与农技推广活动相关的，以法律、规章和条例为表现形式的指导性文件。现阶段指导农业技术推广工作的最高准则是 1993 年颁布的《中华人民共和国农业技术推广法》和 2012 年通过的《关于修正〈中华人民共和国农业技术推广法〉的决定》，其中后者对近年来陕西省农业技术推广体系中出现的投入不足、人员组织弱化、农技推广效率低等新问题做出了针对性的修改。除上述法律外，涉及农业技术推广的法律还包括《中华人民共和国畜牧法》《中华人民共和国农业机械促进法》《中华人民共和国种子法》《中华人民共和国科学技术进步法》《中华人民共和国职业教育法》等。这些一般性和特殊性法规有助于将农业技术推广工作纳入法制轨道，是实现农技

推广目标的重要工具。但需要指出的是，许多有关农技推广的法规存在明显的漏洞，如缺少配套的辅助性法规，没有针对特殊情况制定的法律条款，行政色彩浓厚而法律约束力不强，这些缺陷影响需求导向型农技推广机制的构建和完善。具体而言，需求导向型农技推广机制中商品性农业技术的产权保护立法不足，虽然近年来尤其是加入世界贸易组织之后，有关法律相继出台，但仍然缺乏具体的技术产权保护举措，一些法规的实际操作性不强，而新兴技术（基因技术、克隆技术、生物遗传技术）的不断涌现使现行知识产权保护的法律体系更显滞后，并引发了一系列无法解释和解决的新问题。另外，参与主体法律地位的认定、生产收益的分配、推广机构属性和职能划分、推广人员的考核等在构建需求导向型农技推广机制时遇到的问题都缺乏法律依据和规定，因此，我们对宜于需求导向型农技推广机制运行的法律和规章做出如下补充和说明。

（一）明确规定不同农业技术推广机构的属性和职能

《关于修正〈中华人民共和国农业技术推广法〉的决定》修正中已经出现了对不同农技推广机构属性的界定。该法指出，公益性推广和经营性推广实施分类管理，各级农技推广机构属于公共服务机构，具有公共属性，履行公益性职责并无偿提供技术服务和指导，而经营性职能由国家公益性机构之外的部门负责。可以发现，法律对公益性推广机构的规范较为完整，但对经营性农技推广机构的解释内容仍显单薄。经营性农技推广机构的组织方式较为灵活，涵盖的主体也十分广泛，即包括涉农企业等盈利性单位，又涉及农业科研单位和院校等非营利性组织，这些农技推广组织在市场化运行过程中的目标和行为大相径庭，对农业技术推广工作的认知和态度也会有所不同，尤其是私营企业的逐利行为将限制科技成果功能性的发挥。因此，应当增加对农技推广机构的资质认定工作，认定工作不单针对运营主体，还要对其所推广的技术本身加以甄别和鉴证，以防止个别组织和个人打着农技推广的旗号做出坑农害农的事情，这实质上牵扯到一个技术市场行为规范的问题，需要利用法律加强农业技术的市场建设。除对农技推广机构的行为进行约束外，还要为其技术成果转化和市场化创造便利的条件，加强国家宏观调控，简化农业技术成果转化审批手续，净化市场环境。同时，鼓励农资企业参与农业技术宣传教育和推广活动，在政策和资金方面予以支持。

（二）农技推广人员的考评规定

农技推广人员作为推广工作的载体，是科技成果的传播者和践行者。从现实角度来看，农技推广工作开展得越好，技术传播及扩散的速度明显加快，获取生产收益的可能性也就越大。因此，农业技术推广员对于改变农民生产行为，提高农业发展水平的意义重大，而其技能、素质和工作热情等因素又将直接影响推广工作的成败。对农技推广人员的考评不仅仅是指他们在推广进程中的工作表现和努力程度，而是从人员聘用环节开始，严格审查技能、学历、职业道德等内容，这实际上涉及推广机构队伍建设的问题。鉴于不同层次、地域农技推广机构的用人要求存在差异，因而以机构所在地为依据将农技推广人员的“资质认定”划分为两个部分：国家农技推广机构的新聘人员需具备大学本科以上学历，专业方向应为与农业科学相关的农业工程、农业经济、作物和畜牧生产、农业环境，并通过县级以上政府部门组织的技能考核；自治县、民族乡和贫困地区的新聘人员需具有大专以上学历且专业方向对口，或其他具有相应专业技术水平的工作人员。

农技推广人员业绩考核的重点和难点在于指标的选择与量化。以往法律中只规定了不同层级的考核主体，并没有对具体的考核内容、考核流程和考核办法加以说明。需要强调的是，法律条文直接体现了各级政府在农技推广人员考核环节中的主体性地位，虽然有涉及尊重服务对象意见的内容，但考评过程中“自上而下”的强权特征仍然没有改变。需求导向型农技推广机制中有关推广人员的考核指标包括服务入户率和推广服务情况两项，每一项又可以细分成若干便于量化的指标。这些指标是在充分尊重技术使用者反馈意见及信息的基础上进行设计和使用的，需要政府和相关部门制定法律法规，将其以法律的形式加以确认。

（三）农业科技成果的知识产权保护

所谓知识产权是指公民或法人等相关主体按照规定，对其从事创新活动产生的智力成果所依法享有的无形财产权。对技术商品而言，知识产权的占有和保护是供需双方完成市场交易行为的前提，在需求导向型农技推广机制运行过程中，商品性技术表现出来的差异性和丰富化特征更加明显，是化解农业技术供需矛盾的关键环节。但农业生产的继起性和邻里之间特殊的文化传承导致技术成果的侵权行为无法辨识和鉴定，再加上陕西省农业技术知识产权保护的立法不足，直接影响到农业科技的持续创新。为加强农业技术知识产权的保护力度，实现商品性需求导向型农技推广机制的顺利运行，应从以下几个方面加以改进：首先，紧密关注国外知识产权保护的趋势和动向，促进产权保护工作与国际接轨，减少农产品贸易中的产权摩擦。其次，进一步完善农业技术知识产权法律体系，将农作物新品种、有机或绿色产品认证、地理标志、种养技术等纳入产权保护范围之内。最后，加大科技成果知识产权的立法工作，制定适合于陕西省省情的法律法规，为产权保护工作创造良好的法制环境。

农技推广政策是指在特定时期内为实现农业生产目标而制定的行为规范，具有约束和激励的双重作用。农技推广政策涉及的部门、内容、领域和行业都十分丰富，单就政策内容而言，既涵盖推广目标设定、指导意见选择和推广战略布局等宏观层面的指导，也包含机构设置与运行等中观层面的规定，同时也有推广经费来源、人员及项目管理等方面的说明。相较于农技推广法规，农技推广政策的指导性和灵活性特征更加明显，但效力偏弱，而两者之间更大的区别在于呈现方式的不同。高启杰认为农技推广政策表现为决定、决议、方针、指示等形式，而农技推广法规则表现为法律、条例、章程等形式。由于农技推广政策是依据农村发展形势和变化，由政府职能部门或各级党组织制定而成。因此，制定的程序相对简单，有一些甚至夹杂在其他政策文件当中。

需求导向型农技推广机制作为一种新型的推广模式，需要决策者制定相关政策予以扶持和鼓励。在形成政策之前，一些基本的原则和方法应被考虑，第一，要保证推广政策的适用性和可行性，在政策制定时从客观实际出发，主动迎合服务对象的需求。第二，保持推广政策的适度弹性，目标的设定需留有余地以防止因外部风险而导致的政策失效。第三，维护推广政策的相对稳定性，避免造成资源浪费，使农技推广机制长期、稳定的运行下去。第四，政策需贴合实际，尤其是完成推广任务的各项指标尽可能被量化，以便决策者从经济、社会、生态等不同角度对农技推广政策进行评价和梳理。

具体而言，制定适宜需求导向型农技推广机制顺利运行的政策应从以下几个方面进行考虑。

一是农业经营主体的培训与指导。需求导向型农技推广机制关注的主体是农户分化背景下产生的小规模农户、专业大户、家庭农场和专业合作社，要体现异质类农户在农业生产经营中的主体性地位，就必须逐步建立起一种设施先进、方式灵活的农民教育培训体系，该培训体系由政府出资，农技推广部门进行组织，其他相关机构紧密配合，其目的在于增加农民生产技能，提升资源配置效率，最大程度上提高农民有关技术成果的感知度和认知度。

二是农业信息化建设政策。新技术的不断创新与采用，已被作为区分现代农业与传统农业一个标准，以信息技术为代表的现代生产要素的投入及利用对于改造传统农业具有十分重要的意义。进一步来看，需要完善农业信息的收集与发布环节，这里的农业信息不仅包含各类技术的价格、使用方法等内容，还需要从不同农业经营主体角度出发，重视需求信息的整合和收集工作。此外，加强农村互联网建设，构建农村远程教育中心，以信息化推进农业现代化进程。

二、增加农技推广中资金投入

近些年，陕西省农业科技体系发展相对较缓慢，其主要原因在于经费不足，所以要想发展陕西省农业科技服务体系必须加强此方面的经费投入。首先，相关部门应该建立专项资金用于农业科技服务体系，设置专项资金能使农业技术研发机构与推广机构具备资金方面的保证，使得工作顺利开展。其次，政府相关部门应该提高农村从业人员以及广大农民的科技文化水平。

（一）加快农业科技推广创新体系建设，是陕西省农业科技及农村经济发展的迫切需要，也是当前陕西省农业科技战线的紧迫任务。从陕西省农业生产实际出发，必然需要政府加大投资力度，逐步建立以政府投入为主，多渠道并存的农业科技投入机制。并用法律形式确定农业科技推广经费应占农业总产值或者财政总支出的适当比例。进一步通过引进竞争机制规范资金管理和项目择选行为，建立农业教育机构科技推广专项资金，扶持农业高校、科研院所科技推广。国家各级政府部门要在科技项目、基地建设等方面继续加大对农业高校、科研院所的投资额度，改善科技环境，稳定科技量，提高科技创新水平和成果质量。另外，陕西省农户生产规模小，经营分散，组织化程度低，各级政府要推动农业生产发展，促进农民增收致富，就必须加大科技网络平台建设的经费投入。

（二）加大农村科技教育投入，完善农民科技培训体系，增加有效农业科技投入的前提是提升农村对成人教育的重视程度，让越来越多的农户参与到农业科技培训中去；在此基础上拓展农业科技推广的资金来源，最大程度上保证相关活动的资金支持；此外，政府还应从政策上对农业培训进行扶持，例如，可以适当减免提供培训活动的企业的应缴税款，而对于参加培训并且取得较好效果的农户可以享受优先获得农业贷款或者获得较高额度贷款的权利；最后鼓励当地的高等院校或者科研机构积极参与到农业培训工作中去。综合作用下既能够提高培训人员的质量，又能够提高农户的积极性，最终培养一批思想先进、技术过硬的适应农业现代化发展的新型农民。

除此之外，政府相关部门应该鼓励农村金融机构放宽放款的条件，加大放款的力度。像农村合作信用社与农村科技银行这一类的农村金融机构在保证低风险的前提下，应该对一些龙头企业或者是农村合作组织在贷款方面放宽限制。最后，可以建立相关吸纳资金的机制，主要由政府进行引导，鼓励各个方面参与进来，聚集农业生产中暂时闲置的资金用于农业科技服务的进步与发展。

三、搭建农业技术供求高度契合的服务机制

（一）积极构建和完善农业技术市场。部分学者认为，商品化农业技术的市场导向性更强，也更能满足农民对于技术成果的需求，即表现出一种有用性和供需契合性特征。因此，为保证技术商品的顺利交易和买卖双方利益不受损失，就必须进一步加强农业技术市场的建设，鼓励技术成果的合理转让。首先，加大农业科研成果的知识产权保护力度，完善农业知识产权法律体系，将地理标志、新作物品种、绿色认证等纳入法律保护的范围。此外，主动探寻并学习国际上有关农业知识产权的通行做法和法律法规，避免在跨国技术买卖过程中产生摩擦和不必要的损失。其次，构建多元化的技术信息传播媒介，特别是以手机和网络为代

表的现代化传播媒介，丰富农民获取技术信息的途径和手段；利用这些途径及时发布农业科研成果、技术专利转让等供方信息和农业经营主体的技术需求信息，实现供需双方的交流与互动，进而密切两者之间的合作关系。需要强调的是，手机或网络等传递途径在使用时应加以规范和限制，对虚假和坑农害农信息进行过滤，逐步净化外部环境，以提高农业经营主体对技术信息传播媒介的信任。最后，创新激励机制，吸引各方力量投入农业技术推广活动之中。对于小规模农户、专业大户、家庭农场和农民专业合作社而言，鼓励农技推广人员和研发人员开展农业技术承包或“农技外包”等有偿服务，通过签订技术合同形成各方广泛参与的利益共同体，激发他们的工作热情，提高农业生产效率；而农业企业的发展则可以借鉴现代化公司制度，将股份制引入农业生产领域，推广和研发人员可以通过技术或资金方式入股，建立有效的风险共担机制，促进各方之间的长期合作。

（二）改革农业技术成果评审制度。市场经济条件下，农业科技成果的商品性特征更加明显，在实现技术供求契合方面的作用也逐步显现，也就是说私有性农业技术更能满足农民的实际需求，且有利于形成以利益为纽带的生产同盟。但对于公益性技术成果而言，其实用性和适用性较差，导致一种生产与科研相互脱节的局面。因此，应鼓励政府技术研发机构和推广机构向广大农户提供更多实用成果，特别是改革现有的技术鉴定和评奖制度，将技术成果的经济效益和创新因素进行分割，重点关注创新部分，或者在评价过程中提高技术创新部分的权重，减少已获经济效益的比重，增加农业技术有用性，化解供需矛盾。此外，需要避免同一项技术从国家到省再到地市连续获取奖励的情况，一方面能够扩大推广技术的获奖范围，提高人员工作积极性；另一方面有利于最大程度上挖掘技术成果的使用价值。

四、构建多元化农技推广体系

政府推广体系以外的其他多种推广组织，如农民协会、研究会，涉农企业、农业院校、个体推广等，因具有适应市场经济的天然内核，其重要作用与日俱增，推动着陕西省农业推广体系走向多元化新格局。因此，应科学定位各类农技推广组织的职能，明确实行分类推广，由不同的农业技术推广组织来进行推广，可以最大限度地发挥各类推广组织的作用，并能显著提高农技推广的效率。

按照经济学中的权属关系与应用效应可以将农业技术分成“私人技术”“公共技术”及“准公共技术”。“公共技术”具有非排他性、非竞争性两大特征。非排他性是指所有的用户可以平等地使用同一项技术，而且每个农户的边际成本均为零，在技术使用上没有竞争限制。这一性质决定技术所有者难以独占技术产权，或者难以保守技术秘密，用户们可以在不征得技术所有者的同意和不用支付任何费用的情况下就应用该技术，这就是所谓的“搭便车”问题。非竞争性是指众多用户在消费技术时不存在消费量上的竞争限制，即再多的技术用户也不可能消费完技术的供给量。“准公共技术”是指在技术消费上排他性和非独立性技术。非独立性是指用户在使用技术时会对其他用户产生某种有利或不利的经济影响。这种经济影响属于一种“外部效应”现象。如果这种“外部效应”是对他人利益起促进作用的，则被称为“外部正效应”；如果对他人利益造成损害的，则被称为“外部负效应”。“私人技术”在消费时具有排他性、竞争性和独立性等特点。排他性是指私人技术的所有者能够独占该技术的产权，除非事先征得所有权人的同意，否则，其他人无法得到该技术。竞争性是指私人技术在数量供给既定的条件下，如果某些用户对该技术的消费数量增加，而其他用户对该技术的消费数量就必然减少。独立性是指用户在使用一项技术的过程中，不会对其他用户造成有利或不利的影响。

“公共技术”主要包括栽培养殖技术，病虫害预测测报、农田水利、土壤改良、水土保持技术，农村供水、能源利用和农业环境保护技术，农业气象技术，可持续发展技术以及信息技术等，这类技术一般是难以物化的，而且知识产权不易受到保护，再加上公益性的特点，基本无法通过市场机制来推广，也就是说市场机制难以保证“公共技术”的供给与消费达到社会最优状态，即出现所谓“市场失灵”现象。因此，“公共技术”的推广只能由政府来完成。

“准公共技术”具有排他性，所以可以按照市场原则进行公平交易；但同时该类技术在应用中会产生“外部效应”，例如技术培训，防疫技术，经营管理技术等。为了使该类技术的推广应用与社会需要相适应，政府应对其外部效应加以校正，使得外部效应内部化，即当使用该技术发生外部“负效应”时，由政府向技术用户征收一定费用对受“外部负效应”影响的农户加以补偿，这样就使得“外部负效应”转化为技术用户的内部成本；当发生外部“正效应”时，可由国家向除技术用户以外的其他受益者征收一定的税费，用于补偿技术用户本人。因此，在推广实践中，对于准公共技术应采取市场机制与政府调节相结合的方式。

私人技术主要包括良种、苗木繁育技术，肥料、饲料及配方技术，农药配置及使用技术，农副产品加工、保鲜、贮运技术，农业机械技术，农用航空技术等，缘于排他性、竞争性和独立性的特点，在市场经济条件下，“私人技术”的推广应用得主要依靠市场机制发挥作用，通过技术市场等中介进行公平交易来加快私人技术的推广应用。因此，私人技术的推广可由企业、农村专业技术协会等非政府技术推广组织来进行。这类推广组织一般以营利为目的，因此，他们尽可能多渠道、多方式、快速地向用户推广技术，使尽可能多的用户接受并使用。这类组织一般在推广前要进行技术可行性论证，所选择的技术往往是市场需求好且效益高的技术，因而推广的效率高。

按照技术分类的原则，由不同组织进行技术推广，既扩大了技术推广队伍，又拓宽了推广投资的渠道，减轻了政府财政负担。企业根据市场农产品供求状况来确定推广计划，既有利于确保农产品的质量以及供求平衡，增加收益，又有利于减少用户采用农业技术的盲目性，还能有效避免市场风险，增加农户收入。但与此同时，要求国家对各类推广组织加强管理，实现分工基础上的竞争与合作，避免因各自独立而造成无效的损耗与竞争。为此，建议设立全国性的农业技术推广组织，以协调各部门的推广资金投入、推进农业技术市场的建立与完善、确定新技术推广项目、协调不同技术推广组织的关系，从而形成一个完整、高效的农业技术推广体系。

第二节　内部机制的优化

一、农技推广及研发人员的培养

农业技术推广活动可以归结成一个科技成果从获取消化再到编辑传播的过

程，而农技推广人员作为推广活动的载体，其工作性质是一项与人沟通的社会性行为，尤其在需求导向型农技推广机制中，推广人员既要承担常规性农技推广任务，又必须准确地掌握不同农业经营主体的技术需求信息并予以及时反馈和传递，因此业务素养和心理品质是一个合格农技推广员必备的要素。对农技推广人员成长体系的培育可以从以下几个方面进行阐述。

1. 增加知识储备

农技推广人员的知识结构应包含专业基础知识、政策法规知识、心理学知识和农业推广知识 4 个方面，其中对专业基础知识的掌握不但涉及家禽养殖、植物营养等实践性知识，还有农业经济管理、农村家政等理论性知识；对农技推广人员而言，政策法规知识的学习和理解有助于其依法从事农业技术推广活动，并利用推广行为向服务对象宣传国家的法律法规；对心理知识的学习有利于拉近推广人员与农民的距离，提高沟通效果，从而更好地了解农民的技术需求状况；农技推广知识能够帮助推广人员准确地分析农民的诉求和问题，辨识技术供需矛盾。上述知识的掌握和学习可以有效增加农技推广人员的业务素养，强化了推广环节在技术使用和研发中的桥梁作用。

2. 提升技能素质

农技推广人员的技能素质表现在组织管理、教学实践、问题分析及调查等方面。在需求导向型农技推广机制中，农技推广人员的这些技能素质能够促进推广资源的合理配置，提升农民的技术认知和采纳意愿，最终提高农业技术的推广效率。提高农技推广人员技能素质的方法主要包括：①加大培训力度。依据不同地区实际情况，采取现场指导或集中办班的方式，对各层次农技推广人员进行分类培训。②加强自我学习。利用手机、互联网等新型媒体进行学习和交流，不断丰富和更新知识。③增加实践经验。农业技术推广的社会性要求推广人员主动参与生产实践，实践中的知识更具直观感，也更能有效地解决农民在生产过程中问题。

高契合度的农业技术推广模式意味着推广的技术必须符合农户的需求，因此，需求导向型农技推广机制中技术研发人员的工作原则在于按需生产，研制的技术成果不但市场导向性特征明显，而且可以直接应用于农业生产实践，这一方面加速了科技成果的商品化进程，另一方面在最大程度上满足了不同农业经营主体对于农业技术的诉求。在此过程中，技术研发人员的技能培训和队伍建设有助于增加技术成果的适用性和科技含量，是实现农业技术供需契合，提高农技推广效率的前提和基础。具体看来，为促进农技研发人员的人力资源开发，应当采取的措施主要包括：①提升农技研发人员文化素质。虽然我们一直在强调农业技术的适用性和需求导向性，但如果一项技术的科技含量不高也同样不具备推广价值。因此，农技研发人员的知识储备就显得十分重要。从宏观方面上讲，国家应加大对农业基础教育和技能教育的扶持力度，着力培养高水平科研人才；根据年龄、文化程度、工作时间、专业职务等指标划分人员层次，有计划地分批进行岗位培训；加强农业学科建设，使研发人员的教育培训更贴合实际。②优化研发人员成长环境。首先要构建优良的舆论环境，向社会成员灌输尊重科技人才的观念，使其体会到一种关心和重视；其次营造优良的学术环境，增加研发人员出国考察和参与国际会议的机会，同时聘请国外专家来华讲座，开阔其国际视野；最后创造优良的人际环境。无论是公益性农技研发机构还是私有性农机研发机构，都应注意“情感效应”，尊重爱护科技人才，为他们营造一个和谐宽松的人际环境。③扩大农技科研人员队伍。技术研发人员数量增加的途径包含两个方面，一是扩大农业院校招收规模，二是海外留学人员的引进。科研队伍的扩大能够提升农业技术的原始创新能力，尤其是基层科研人员的增加有助于搜集需求信息，其研制的技术成果也能更好地满足不同农业经营主体的技术需要。

二、加强农户自身素质建设

一直以来，陕西省农民素质普遍较为低下。这种现象在目前城镇化、工业化、城乡一体化发展和农业现代化进程的推进过程中，表现得尤为明显。在2013—2015 年对 1000多农户调查显示，现有的农民中，高中以上学历的比重极低，还不足 5%，农民年龄老化、素质普遍低下成为未来我国农业可持续发展的重要瓶颈。因此，在未来我国农业发展的道路上，加快培育新型的职业农民已成为不容忽视的重要一环。

加强文化教育，不断提高农民素质。提高农民素质是推进农业现代化发展进程的有效途径，也是最为基本的问题。为此，首先，政府应发挥重要的引导作用，加强农村职业技术教育，比如鼓励高校的农林专业学生到农村地区发展和创业，为农村地区经济发展贡献积极力量。其次，应加强宣传，努力转变农民的传统观念，千方百计地提升他们的法律意识及主动学习意识。如可以通过定期讲座、免费公益电影或电视、定期有奖知识竞答、广泛张贴或派发宣传单等方式让法律知识和“知识改变人生”“科学种田”“科学养殖”等理念深入人心，让农民自身产生要主动学习农业知识的意识。且相关部门要把这一工作作为常规工作长期来抓。最后，树榜样、立典型，通过榜样，建立传帮带制度，一人致富，带动全村致富。身边成功的榜样，在熟人社会的农村更具说服力，更容易成为乡邻模仿和学习的对象。当看见身边的熟人经过学习成为新型职业农民，进而致富后，附近的相邻农民基于羡慕榜样的心理，以及改善自身家庭经济效率的目标偏好驱动，就积极主动地或潜移默化地学习身边的典型。长此以往，周围相邻的整体素质也将实现逐渐提高。此外，充分考虑农户的文化素质和认知水平，对农业科技成果进行适当的加工，变成农户能够充分理解和掌握的教材；这可以充分发挥当地高等院校的教育资源优势，丰富培训的形式，形成融宣传、教学、示范和培训为一体的农业技术培训网络，进而提升农业生产效率和质量。

三、提升农户技术应用能力

农户不但是农业生产经营的主体，同时也是科技成果的需求主体和使用主体，如果离开农户及其对科技运用能力的提升只谈农业技术推广将是“无源之水，无本之木”，因此需以提高农户对农业技术学习和应用的能力为基本任务和目标。首先，应创新农业技术培训方式。利用技术讲座、职业教育、夜间学校、远程培训、广播电视大学等方式增强职业教育培训力度，在提高农户科技素质和文化水平的基础上加速农业技术信息的传播和扩散。其次，政府也应定期举办农业发展研讨会，组织农民参与农业生产知识和科学技术等相关的培训，促进农民了解和掌握更多的农业生产技术和农业发展政策，根据当地农业生产需求的迫切程度对培训课程进行合理安排；对培训内容按照农业生产关键节点以及技术种类的不同进行细化，提高培训工作的针对性。值得注意的是，在农户分化背景下，异质类农户在自身知识结构和技能水平上表现出极大差异，因此要针对不同需求主体，形成特色鲜明的技术推广层次。对小规模农户而言，由于其文化水平较低，对于农业技术的理解和接受能力有限，纯理论性技术知识他们难以完全接受，而且存在一定抵触心理。对这类农户的培训应避免理论灌输而是用广播电视和技术人员现场指导等方法增强直观效果，引导他们从实际生产中获取经验及教训；专业大户、家庭农场和农业企业的技术培训应以现代化工具为主，利用互联网、远程教育以及多媒体教学，在配合传统技术推广方式的基础上形成多渠道、多功能的技术推广框架。由于技术内部扩散效应十分明显，因此对专业合作社的培训主要集中在合作社股东或能人大户身上，培训方式同样采用现代与传统相结合的方式。其次，转变推广观念。与国外强调“农业推广”的概念所不同，我国通常以“农技推广”作为政府文件和相关政策中的习惯用词，而两者之间最大的区别在于是否重视农村区域范围内的人力资源开发。夏敬源认为，农业技术推广在中国特色农业现代化建设这一新形势下应由“技术为本”转移到“以人为本”。因此，在农技推广实践中除单纯以农业技术为对象展开活动外，还需着重培养其诉求表达和技术选择等能力。此外，需要将农村人力资源开发理念纳入建设社会主义新农村建设的总体目标之中，积极推行和实施农村人才战略，针对不同区域发展情况，制定专门的人力资源开发政策与方针，为整体提升农户对农业技术的选择与应用能力创造良好的条件与环境。

第六章　研究结论

本书以农业科技为研究对象，以供需理论、契合理论、农业经济学、农业技术经济学、农业政策学等方法和理论为指导，对陕西省农业科技服务体系的优化进行了系统研究。首先，构建农业科技服务体系优化研究的基本理论架构，对相关概念及含义进行界定，探究有关农户分化成因和农业技术推广功能作用等内容；其次，利用相关数据深入分析现阶段陕西省农业科技服务体系的现状；随后，以技术供给视角，剖析陕西省农业科技服务的供给模式及其特征，归纳总结技术供给环节存在的弊端和问题；接着，利用逻辑斯蒂模型和有关调研数据，从微观层面描述异质类农户的农业技术需求状况，在此基础上探析农户技术采纳的影响因素。进一步地，构建供求契合度模型，对异质类农户技术内容和获取途径的供求契合度进行测度，探明现阶段异质类农户的生产经营现状。最后，提出农技推广机制的优化方案并给出机制优化的措施和对策。经过实证分析和理论研究，得出的主要结论如下。

（1）界定了农户分化的内涵，并对其类型和形成原因做出阐述。经过实践梳理明确了农户分化的基本概念，依据农户经营规模、生产目标、收入结构、市场参与能力等标准将现阶段农业经营主体细分成小规模农户、专业大户、家庭农场、参与农民专业合作社农户、与农业企业签订订单合同农户等 5 种基本类型，并就各异质类农户的经营特征进行阐述。在此基础上，提出农村改革、要素市场的建立和完善、城镇化与工业化快速推进是造成农户分化的主要原因。

（2）探究了陕西省农业科技服务的现实情况。以农业技术推广主体为依据，着重分析了改革开放以来陕西省农业科技服务体系的运行现状和取得的主要成就；此外，以前瞻性视角分析探明推广内容综合化、推广方式多样化、推广组织多元化、政府机构主导性、推广需求导向性以及推广运行法制化是新时期陕西省农业科技服务体系发展的主要趋势。

（3）深入剖析了异质类农户生产经营过程中的需求特征。利用调研数据，从获取途径、供给主体和反馈方式3个维度探究5类农户的需求特征，研究发现小规模农户、专业大户、家庭农场和与农业企业签订订单合同农户全部倾向于推广人员现场指导，而参与农民专业合作社农户的技术获取更多为合作社内部供应；异质类农户对供给主体的选择方面表现出一定差异，其中，小规模农户和专业大户对政府提供的农业技术较为信赖，家庭农场和与农业企业签订订单合同农户的供给主体选择集中在“企业”身上；5类经营主体的信息反馈方式各有不同，差异性十分明显。

（4）定量识别异质类农户有关农业技术的需求意愿及其影响因素。应用逻辑斯蒂回归模型，采用PASW Statistics 18对5类农业经营主体的技术采纳意愿及其因素进行测度，实证结果显示：小规模农户对良种及其繁育、栽培等5类技术的使用倾向较为明显，而政府补贴和能否得到农业技术指导是主要的影响要素；专业大户对植物病虫害、动物疫病和其他有害生物防治技术具有特殊偏好，而性别、年龄等因素成为其技术选择的原因；家庭农场侧重于农业投入品安全使用、农产品质量安全技术技术的使用，而是否拥有自主品牌和农产品是否拥有产品认证则是其技术采纳的主要影响因素；参与农民专业合作社农户的技术选择集中在农产品收获、加工、包装、贮藏、运输技术等，其技术采纳的主要因素为交通运输条件；与农业企业签订订单合同农户对植物病虫害、动物疫病和其他有害生物防治技术技术的使用倾向十分明显，而农产品是否拥有产品认证等因素是影响其技术采纳的原因。

（5）建立起判别农技推广机制运行效果的供求契合度模型。运用分类别列联表分析法构建供求契合度模型，以延安市异质类农户为实证对象，甄选农业技术和获取途径两项指标对异质类农户的供求契合程度进行定量测度，得出现阶段农技推广机制的运行效果。研究显示，5种类型异质类农户的供求契合程度呈现一种逐步递增的趋势，但总体水平仍然较低，农技推广机制运行过程中的供需矛盾十分尖锐。

（6）分析总结了陕西省农业科技服务体系的优化措施。包括构建同市场经济相适应的技术供求契合机制；创新并构建多元化农技推广服务体系；增加农技推广资金投入；加强农业技术信息网络平台建设；优化农技推广队伍；提升广大农业经营主体综合素质；大力发展农民专业化组织。

农户分化背景下农技推广机制的优化是一项动态化的系统工程，不仅涉及小规模农户、专业大户、家庭农场、参与农民专业合作社农户、与农业企业签订订单合同农户等微观经营主体，抑或称为农业技术的需求主体，同时与政府农技推广机构、教育科研院所、涉农企业等技术供给方紧密相关。因此，任何一种静态化单独视角都无法对机制优化进行全景论述。本书只是在论述技术供给与需求的基础上，以农户分化为视角阐明异质类农户与多元化供给主体之间的供求契合程度，对现阶段农技推广机制的运行效果做出合理评判；以及针对异质类农户需求意愿、影响因素与供求契合水平提出机制优化方案。但对于农户分化本身形成与继续发展的论述相对不足，仅以现阶段出现的5类经营主体为研究对象进行分析说明，而没有针对农户分化动态特征对经营主体形态演化及其需求意愿做出进一步讨论，也就是说缺乏以前瞻性视角论述农技推广模式引领现代农业发展、培育农业经营主体的可行性与实践价值。此外，如何创造良好的内部契合机理和外部参与环境，实现技术供求平衡、技术商品顺利交易，也是未来需要着重研究的方向。

参考文献

慈树成 . 2011. 关于农业技术推广法及其实施办法贯彻实施情况的调研报告［J］. 天津农林科技（1）：34-40.

董冠鹏，郭腾云 . 2010. 基于农业产业化视角的农户分化行为研究［J］. 安徽农业科学（12）：5-16.

高启杰 . 2010. 多元化农业推广组织发展研究［J］. 技术经与管理研究（5）：26-31.

黄季焜，胡瑞法，智华勇 . 2009. 基层农业技术推广体系 30 年发展与改革：政策评估和建议［J］. 农业技术经济（1）：4-11.

黄武 . 2008. 农技推广体系改革之我见［J］. 农村经济（1）：112-116.

简小鹰 . 2006. 农业技术推广体系以市场为导向的运行框架［J］. 科学管理研究（6）：22-31.

焦源 . 2013. 山东省农业生产效率评价研究［J］. 中国人口与环境（12）：66-74.

李圣军 . 2010. 农户技术需求优先序及有效供给主体研究［J］. 新疆农垦经济（5）：31-37.

李宪宝，高强 . 2013. 行为逻辑、分化结果与发展前景［J］. 农业经济问题（2）：17-26.

满明俊，周民良 . 2011. 技术推广主体多元化与农户采用新技术研究——基于陕、甘、宁的调查［J］. 科学管理研究（6）：115-121.

彭蓉 . 2009. 我国农业技术推广体系的现状、问题与对策［J］. 农村经济与科技（3）：89-90.

秦宏，高强．2005．通过制度变迁推动我省农户分化与农村非农化、城镇化进程［J］．生产力研究（3）：22-29.

秦宏，李嘉晓．2009．农户分化与城镇化：英美实践及启示［J］．经济问题（8）：14-17.

沈贵银．2010．最优农业推广服务供给的制度模式研究［M］．西安：陕西省农业科学技术出版社．

谭祖权．2008．广西农业技术推广存在的问题及对策［J］广西科学院学报（3）：200-203.

王慧军．2003．中国农业推广理论与实践发展研究［D］．哈尔滨：东北农业大学．

王利平，王成．2012．基于生计资产量化的农户分化研究［J］．地理研究（5）：5-16.

温春生．2011．云南省基层农技推广体系现状与发展对策［J］．热带农业科学（1）：10-17.

修孟源．2012．兼业化程度对农户水稻种植技术选择的影响分析［D］．重庆：西南大学．

展进涛，陈超．2009．劳动力转移对农户农业技术选择的影响——基于全国农户微观数据的分析［J］．陕西省农村经济（3）：58-70.

赵锦域．2005．我省农技推广体系建设存在的问题及对策建议［J］．农业科技管理（5）：78-83.

赵连阁，蔡书凯．2012．农户 IPM 技术采纳行为影响因素分析［J］．农业经济问题（3）：104-112.